21世纪经济管理新形态教材·创新创业教育系列

创业行动

主 编◎吕 爽

杨 娟　陈迎阳
副主编◎王 林　柴龙国
戴宜雯

清华大学出版社
北 京

内 容 简 介

本书按照教育部《普通本科学校创业教育教学基本要求（试行）》的精神，推动高等教育的创新性和规范性发展。本书强调以创业者的方式思考和行动，系统分析创业活动，帮助创业者学习启动和运营初创公司。全书分为八章，包括认知创业、成为创业者、设计思维、挖掘商业机会、塑造产品原型、设计商业模式、制订营销计划、整合创业资源。本书体例结构规范，贴近创业实际，强调了创业者创新思维和创业能力的培养，并且配备了丰富的案例资源。

本书既可以作为全日制本科院校和高等职业院校的创业学教材，也可供怀有创业梦想的人士作为学习与参考用书。

本书封面贴有清华大学出版社防伪标签，无标签者不得销售。
版权所有，侵权必究。举报: 010-62782989, beiqinquan@tup.tsinghua.edu.cn。

图书在版编目(CIP)数据

创业行动 / 吕爽主编. —北京：清华大学出版社，2022.6（2024.2重印）
21世纪经济管理新形态教材. 创新创业教育系列
ISBN 978-7-302-60845-5

Ⅰ. ①创⋯ Ⅱ. ①吕⋯ Ⅲ. ①大学生－创业－高等学校－教材 Ⅳ. ① G647.38

中国版本图书馆 CIP 数据核字 (2022) 第 079316 号

责任编辑：刘志彬　付潭娇
封面设计：汉风唐韵
版式设计：方加青
责任校对：宋玉莲
责任印制：丛怀宇

出版发行：清华大学出版社
　　网　　址：https://www.tup.com.cn, https://www.wqxuetang.com
　　地　　址：北京清华大学学研大厦 A 座　　邮　　编：100084
　　社　总　机：010-83470000　　邮　　购：010-62786544
　　投稿与读者服务：010-62776969, c-service@tup.tsinghua.edu.cn
　　质　量　反　馈：010-62772015, zhiliang@tup.tsinghua.edu.cn
印 装 者：小森印刷霸州有限公司
经　　销：全国新华书店
开　　本：185mm×260mm　　印　张：11.5　　字　数：238 千字
版　　次：2022 年 6 月第 1 版　　印　次：2024 年 2 月第 4 次印刷
定　　价：45.00 元

产品编号：095237-01

创新创业教育系列教材编写委员会

主　任：卢　一
副主任：陈云川　吕　爽
委　员（排名不分先后）：

杨　娟	王　林	刘小玲	陈迎阳	魏怡鑫	李倩雯
祖晓霞	李欣怡	蒋　超	刘行行	杨　彬	郝　亮
柴龙国	戴宜雯	谭军华	张志辉	王一夫	王苏琪
王楠楠	孙　轲	刘　磊	陈　然	李　康	李　苗
姜　华	张　振	刘增奇	安芳洁	赵晓晋	赵玉琴
李杏丽	苗　苗	肖瑞华	王璐瑶	李　磊	刘　帅
高夏媛	吴　旷	李　峥	张鸿燕	段　建	姚碧锋
刘　悦	刘汉智	朱广超	陈　希	赵　鹏	赵庆波
关宏帅	王志刚	方　轩	赵丽华	石　坚	胡石尘
姚宏帆	许景瑶	赵天熹	王　巍	鲍敬敬	屈　颖
崔玲玲	杨　明	梁博通			

序言

目前,世界已进入新一轮产业革命,科技创新是经济发展的重要驱动力,创新发展战略已成为各国竞争的重要手段。尤其是中美经济竞争很大程度上体现为创新上的竞争,迫切需要突破美国对我国设置的创新壁垒。为加快建设创新型国家,需要培养一大批勇于创新、善于创新的企业家和高技能人才。

经过近几年的快速发展,我国大部分高校都已开设创新创业课程,建立了大学生创业孵化基地(众创空间)。由于主客观条件的局限,部分创业课程内容体系不够完整,创业训练往往停留在创意阶段,开展的项目也局限于生存型创业,学生的创新创业意识还相对淡薄,创新创业精神并没有确立。"创业怎么教?创业教什么?"是摆在所有高校面前的一个共性问题。

纵观国际创业理论研究,经历了创业的个体观、过程观和认知观。人们越来越意识到,在VUCA(volatility 易变性,uncertainty 不确定性,complexity 复杂性,ambiguity 模糊性)时代,学会在不确定环境中能像创业者一样思考和行动的思维方式的特殊价值。美国弗吉尼亚大学萨拉斯教授的效果推理理论,巴布森商学院海迪教授团队的创业教学法,斯坦福大学戴维·凯利教授的设计思维,谷歌的创新方法"设计冲刺"等为我国创业教育的创新发展提供了有益借鉴。创业教学需要突破创业过程及案例的简单陈述,开启基于内在愿景的价值创造过程,从当下拥有的资源开始行动,构建从"预测—计划—行动"到"行动—学习—提升"的全新思维认知体系。

开展创业教育的前置工作是认识社会,培养学生的社会责任感,发现社会问题,秉持问题导向开展研究和实践。要触发与支持学生的创新创业小行动,从每个行动中获取自我效能感、价值感和成就感,不再惧怕过程中的风险与磨难。创业行动课程目的是发展学生的创业公司,帮助创始人学习启动和运营成功的初创公司所需的技能和流程,课程将使学生能够学习市场研究、市场测试、商业模式开发、市场策略、原型设计、财务分析和预测、人力资源和运营规划,以适应自己的企业,每节课都将是"基于行动的学习"。

本书由四川旅游学院创新创业学院院长吕爽副教授率领创作团队写成。吕爽院长在北京大学光华管理学院访问时与我相识,交流颇多,并为北京大学光华管理学院创新创业中心做出诸多贡献。在交流之中，吕爽院长表现出在创新创业教育方面的长期丰富经验，已经形成了丰硕成果，让我深感钦佩。本书正是吕爽院长的最新力作。

　　基于吕爽院长的长期创业教育实践，本书在筛选和梳理经典知识理论的基础上，重新构建知识体系，捕捉创新创业的新认知、学术成果和实践方法，贴近时代，满足未来发展趋势。课堂核心是"基于行动的学习"，设置"动手挑战"环节，带领创业者进行实战演练，避免空洞乏味的理论说教，为创业训练提供有效抓手、方法和工具。

　　党的十九大报告强调要"鼓励创业带动就业"，为大学生创业提供全方位服务，促进高校毕业生多渠道就业创业。这既是国家战略，又体现了当前大学生的内在需求。本书正是高校创新创业教育所需要的，希望看到吕爽院长更多的此类著作涌现。创新创业教育并不容易，尤其对于学院派的大学教师而言，这样的成果是学生所需，也是教师之助，为此作序，是我之幸，谨此为记！

黄　涛

北京大学光华管理学院创新创业中心副主任、教授、博士生导师

北京大学乡村振兴研究院副院长

前言

在创新驱动发展和建设创新型国家战略指导下,高校创业教育得到各级政府和高校的高度关注,创新创业改革正在高校有序开展。此项改革有利于培养大学生的创新意识、创业精神、创业行动,对于国家科技进步、经济发展有着很好的推动作用。2012年8月1日教育部办公厅印发《普通本科学校创业教育教学基本要求(试行)》的通知(教高厅[2012]4号),文件的颁布标志着我国大学生创新创业教育课程建设进入了有规范可依的发展阶段。在教育部、教育厅、各级地方政府的极力推动下,部分高校把创业教育纳入学校改革发展规划、人才培养体系,高校教师积极探索创业实践和课程建设,大学生创新创业教育进入多元化发展的全新阶段。

2015年5月4日,国务院办公厅在《关于深化高等学校创新创业教育改革的实施意见》(国办发[2015]36号)中明确指出,高校创新创业教育要以提高人才培养质量为核心,以创新人才培养机制为重点,树立先进的创新创业教育理念,面向全体、分类施教、结合专业、强化实践,促进学生全面发展;高校将创新创业教育纳入人才培养体系,创新教法、培养师资,各地建设众创空间推进教学、实践紧密结合,突破人才培养薄弱环节,增强学生的创新精神、创业意识和创新创业能力。

2017年,中国的创新创业教育要取得重要进展,形成科学先进、广泛认同、具有中国特色的创新创业教育理念,形成一批可复制可推广的制度成果,普及创新创业教育,实现新一轮大学生创业引领计划预期目标;并指出,各高校要把深化高校创新创业教育改革作为"培养什么人,怎么培养人"的重要任务,"要把创新创业教育质量作为衡量办学水平的重要指标"。到2020年建立健全高校创新创业教育体系,人才培养质量显著提升,学生的创新精神、创业意识和创新创业能力明显增强,投身创业实践的学生显著增加。十九大报告提出在2035年我国要跻身创新型国家前列、到本世纪中叶我国要建成富强民主文明和谐美丽的社会主义现代化强国目标,而实现这些目标需要创新驱动发展战略的指引,需要完善的创新创业体系,需要构建市场导向的创新资源配置机制,需要高效的产学研合作创新体系。

高校作为人才培养主阵地,一直在积极探索创新创业理论和实践的相互作用,引导学生强化创新意识和创业能力，敢于创业，勤于创业，善于创业。创新创业教育是一种面向大学生的通识教育，体现的是创新型人才培养的教育理念，是大学生综合素质教育的重要组成部分。创业教育不仅有助于提升个体素质，激发创新能力，而且有助于把创新成果转化为国家的实力、社会的财富。随着知识经济的发展，加强创新创业教育已成为世界高等教育发展和改革的新趋势，并延伸至职业教育和基础教育领域。大学生创业行动的目标是让学生在创业行动前熟悉创业的基本方法和流程，激发学生的创新意识，掌握创业方法，探索创业实践，解决创业过程中的核心难题等为基本思路。

基于上述判断和核心理念，并结合大学生创业实际，为了让大学生开始创业实践前熟悉创业之道，走上创业成功之路。我们认为，创业行动教育应遵循"贴近实际、贴近生活、贴近学生"的原则，基于学习产出教育模式（outcomes-based education，OBE）的设计理念，以学生的学习产出为结果导向，遵循"反向设计"的原则，按照大学生创新创业能力提升路径，为学生提供创业实践"工具箱"。本书课程共设置 8 章，从创业认知和创业者素质出发，引导学生发现社会问题、提出解决方案、挖掘潜在市场、打造产品原型、持续迭代优化、树立竞争壁垒，利用课程教学体系及自建网络平台资源，实现以学生为中心、以问题为驱动、以项目为载体的课程体系。本书将帮助学生有效取得以下学习成果：系统融合课程思政和创新创业教育，培养市场创业行动的相关职业道德素养，了解和掌握当下一般创业行动的基础理论和实务操作方法，为以后的创新创业行动打下坚实的基础，对于创新创业教育的专业知识、通识性知识和其他相关知识、专业综合能力、专业素养都起着支撑作用。

本书在筛选和梳理经典知识理论的基础上，重新构建知识体系，捕捉创新创业的新认知、学术成果和实践方法，贴近时代，满足未来发展趋势。我们以厘清创业认知、产生创业创意、挖掘商业机会、塑造产品圆形、设计商业模式、制订营销计划、整合创业资源、了解创业企业管理、解决创业核心难题等为基础思路。在知识框架中融入了"设计思维""产品数字化""产品发布""产品迭代""互联网+"等新理念，加入"众筹"等新方法。另外，更多选择了近些年中国大学生的创业典型案例。

本书的完成凝聚了团队智慧，是高质量教学团队精诚合作的成果。每位作者都结合自身创业实践和教学经验，精心合作完成了写作任务。本书由四川旅游学院创新创业学院吕爽院长担任主编，对本书的写作组织、各章内容进行了精心设计和编排，由杨娟、陈迎阳、王林、柴龙国、戴宜雯等担任副主编。具体分工如下：第一、二章由吕爽编写，第三章由戴宜雯编写，第四章由柴龙国编写，第五章由杨娟编写，第六章由王林编写，第七章由陈迎阳编写，第八章第一、二节由王林编写，第八章第三、四节由陈迎阳编写。全书由吕爽统筹，杨娟协调，陈迎阳统稿。

感谢本书在编写过程中参考过的所有文献资料、专著和教材的作者，正是他们的研究成果，激发了我们的创作灵感，丰富了本书的教学内容。书中引用的部分案例和资料来源于网络、期刊和教材等，在此不再一一列举，谨向各位表示衷心感谢。

本书进行了反复研讨修改，由于编者水平有限，书中疏漏、不当之处难以避免，敬请广大读者提出宝贵意见，以便我们对本书进行进一步的修改、补充和完善。作者邮箱：lvshuang0127@163.com。相关教材咨询与出版，可以通过 1450691104@qq.com 与编辑联系。

吕　爽

2021 年 11 月

《创业行动》简介

《创业行动》怎样讲

第1章 认知创业 ... 1

1.1 创业的本质 ... 2
1.2 创业的类型 ... 6
1.3 创业型人生 ... 10

第2章 成为创业者 ... 18

2.1 岗位创业 ... 19
2.2 自主创业 ... 24

第3章 设计思维 ... 30

3.1 设计思维概述 ... 31
3.2 设计思维流程 ... 33
3.3 创意类型 ... 39

第4章 挖掘商业机会 ... 42

4.1 市场细分 ... 43
4.2 用户画像 ... 49
4.3 市场规模 ... 58

第 5 章　塑造产品原型 ... 63

5.1　产品原型概述 ... 64
5.2　原型的制作流程 ... 77
5.3　原型测试 ... 88
5.4　产品发布 ... 92
5.5　产品迭代 ... 97

第 6 章　设计商业模式 ... 102

6.1　商业模式画布 ... 103
6.2　"互联网 +"时代的商业模式 ... 108
6.3　众筹的商业模式分析 ... 110

第 7 章　制订营销计划 ... 113

7.1　洞悉行业本质 ... 114
7.2　市场营销系统及其发展趋势 ... 115
7.3　产品定价策略 ... 122
7.4　市场测试 ... 127
7.5　渠道招商策略 ... 131
7.6　客户营销策略 ... 137
7.7　从传统到数字的互联网营销 ... 142

第 8 章　整合创业资源 ... 153

8.1　创业资源概述 ... 154
8.2　创业资源的种类及获取 ... 155
8.3　创业资源的整合 ... 160

参考文献 ... 167

第1章 认知创业

学习目标

1. 理解创业的本质和分类;
2. 了解不确定性时代及其由来;
3. 了解不确定性时代人才应具备的技能;
4. 熟悉和掌握创业思维和管理思维的区别;
5. 理解创业和人生的关系,掌握大学生创业价值观。

案例导入

张磊:成功的创业者不做这三件事

张磊,高瓴资本创始人,河南驻马店人。就读于中国人民大学金融系,出国留学后回国创业。2005年创办高瓴资本,从0做到5 000亿,投资年化收益39%,成为中国私募机构的实力第一名,微信、百度、京东、美团、格力都有他的投资。

张磊曾说过:"我见过无数的创业者,每个人都有不同的学历、性格、背景,但唯独'不做三件事'的人,能笑到最后。"

一、不做"人人都说对"的事

张磊的第一笔投资,是给了2005年的腾讯。2004年,虽然腾讯QQ已在中国即时通信市场占据了高达78%的市场份额,但2005年,在没有任何的宣传和本地化支持的前提下,MSN就占据中国即时通信市场的10%,位居第二。本来不看好腾讯的张磊,在义乌小商品城调研时,意外发现:每个摊位和招商名片都印有QQ号码。"腾讯的用户深度已经远超我们的想象。"于是,张磊拿出了全部家当,2 000万美元全投给了腾讯。15年后,腾讯的估值从当初的不到20亿涨到了5 000亿,帮张磊赚了几百倍的收益!

所以,怎么才能看到别人看不到的无常呢?张磊谈道:"收集数据,理性判断。"当你决定要做某件事时,不妨先深入调研一下它的各项占比、用户群体、未来发展规模等,再结合自身条件,理性判断这件事的可行性,成功的概率就大很多!

二、不做"赚快钱"的事

张磊在《价值》一书中说:"快钱能带来强烈的欢愉感,但也极易麻痹人们的神经。"创业者一旦陷入懒惰、失去不断进步的动力,就失去了正向生长的本能,而把路越走越窄。"喜欢走捷径"是人的本性,面对唾手可得的利益,敢于说"不"的人真心不多。尤其是在"创业维艰"的积累阶段,能"赚到钱、活下去"是所有人的共同目的。那不如反过来想想赚了快钱后,我付出的代价是什么?所以踏踏实实积累实力,一步步将事业做大才最实在!

三、不和"坏人"做生意

张磊说:"不要和魔鬼做交易。"合作之前,怎么能判断对方是"好人"还是"坏人"呢?你可以先预设对方是"好人",给予对方应有的信任,然后在事情上加以验证。一旦发现对方在道德上存在问题,那就果断拒绝合作,及时止损。即使对方拥有你急需的资源、能力、技术……也要忍痛割爱,毕竟,道德是底线!只有坚持正确的价值观和道德观,你才能赢得他人的长期信赖,从而吸引更多志同道合的"同路人"。

四、写在最后

有人问:创业到底是什么?其实不是要发大财,更不是什么"工作自由、时间充裕"。那感觉就像是:你总想知道沙漠那边是什么。其实沙漠的那边还是沙漠,没有尽头,看不见希望,但你仍要继续前行。创业为的是一种不同的活着的方式,为的是一种新的人生意义。我们这一生需要做的,就是要接近榜样。不断从他们身上汲取成功的经验与智慧,再融入自己的知识、能力体系中,最终应用于自己的生活与事业,在"事上炼",使自己变得越来越有价值。

(作者根据职心眼儿网络文章改编)

1.1 创业的本质

创业的本质是什么?我们距离创业到底有多远的距离?我们又该如何去接触创业并参与其中呢?

1.1.1 创业的含义

创业可以从广义和狭义两方面来界定。狭义的创业是指谋划、创建新企业并运行的过程,在英文中常用"startup"表示;广义的创业不在于是否成立新的组织,也不局限于目前的资源约束,是要通过识别和寻求机会进行价值创造的行为过程,除了强调行动外,更强调在创业行为中所体现创新创业精神的重要性,在英文中常用"entrepreneurship"表示。相对于狭义的创业,广义的创业在外延和深度上都有所扩展,关注的是在资源有限的条件下,发现问题、解决问题并创造价值的过程。本书中所指的创业为狭义上的创业。

创业包括两个层面的含义,一种是精神层面的,代表的是一种以创业为基础的思考和做事的方式,普遍存在于各种组织和个人活动中,以孕育创新精神、改善生活方式;

另一种是实质层面的，代表的是一种机会的挖掘，能够整合资源组建新的组织，可为社会或市场提供一种新的价值。

由此可见，创业距离我们并不遥远，只要从创业者的角度考虑问题，用好奇心和探索的心态积极主动地为社会、他人和自己创造价值，通过创造把理想变为现实，我们就是在创业。在这个意义上，人生就是一个不断创业的过程，人人都可以成为创业者。

1.1.2 大学生创业

1. 创业的导向

从成立几千亿规模的国家集成电路产业基金、发布人工智能发展规划和新能源汽车发展纲要等一系列政策到中国制造2025，都可以看出国家在产业政策方面长期支持科技发展的决心。习近平总书记说过：要深入实施创新驱动发展战略，推动科技创新、产业创新、企业创新、市场创新、产品创新、业态创新、管理创新等，加快形成以创新为主要引领和支撑的经济体系和发展模式。

大学生创业以在校大学生和毕业大学生等特殊群体为创业主体。国家高度重视大学生创新创业教育工作，国务院办公厅发布《关于深化高等学校创新创业教育改革的实施意见》，明确了高等学校创新创业教育的目标和任务，在学籍管理制度方面提出了优先转专业、放宽修业年限等优惠政策；各地政府对大学生创业也有许多优惠政策，不仅有政策上的支持，还有经济上的支持，对优秀的大学生创新创业项目予以较多的资金投入，并为其提供相应指导。

大学生作为我国的年轻高级知识人群，有着较为丰富的知识储备和相较于其他高级知识分子所欠缺的创造力，有能力也有热情创造出更大的价值。在危机中育先机，于变局中开新局，是当代大学生义不容辞的责任，应运用创新思维、立足个人资源、结合专业知识、打破固定思维、紧密结合形势、重视实践落地，在产品服务、商业模式等方面积极探索新模式和新业态，做基于创新的创业。

2. 创业的认知

创业认知包括认知结构和认知过程两方面的内容，它是对创业的整体和过程进行认识理解的心理经历。其中，认知结构是指在头脑中所形成的对认知主体起作用的认知模式和知识结构；而认知过程是指获取和运用知识的过程。

研究表明，大学生在创业过程中对创业认知非常不足，甚至会有致命的错误认知。比如说，大多数大学生创业者在创业初期选择合作伙伴的时候看重的是对方的经营业绩，而忽视合作伙伴的品格。这说明作为大学生创业者对风险和权益的保护还缺乏认识，只重视金钱上的收益，而对创业的路径缺乏系统、长远的考虑。大学生创业具备敢于冒险和创新的意识，但是创业过程存在很多风险，这就要求大学生创业者必须要对创业有充分的认识，有充足的准备，切勿过于急躁。大学生的创业教育不是要每个人都成为英雄人物，更多的是要让大家熟知创新创业理念、塑造创新创业品格、锻炼创新创业能力。所以，认知创业往往比创业本身更重要。

1.1.3 创业的基本特征

1. 创新性

创业的最本质特征就是创新性。创新是创业的组成要素，也是创业的前提，缺乏创新性的创业就失去了它存在的意义。所以说，创业者在创业过程中，时刻要监督自己是否具备了创新精神和能力。

2. 实践性

实践操作是创业的根本特征，任何的创业活动都是在科学的理论指导下所进行的实践操作，具有很强的操作性。创业要实现创业者自我价值与社会价值统一的最终目标，只有通过实践操作才可能会实现。所以，要创业就要重点培养动手实践能力。

3. 时效性

创业是顺应社会发展到一定阶段出现的必然产物，当出现一定的商业机会就会出现创业现象，这是随机产生的，也会因为环境的变化而消失。所以说，创业具有时效性，创业一定要把握机会，适时创业与转向。

4. 规范性

创业活动也是客观存在的社会实践活动，需要按照社会事物的客观发展规律来做，要理性地进行创业，按照规律做事，采取规范的方式方法，科学地把握时机和有利氛围。

5. 社会性

创业是社会发展的必然产物，也是社会中的一个组成要素。创业活动会受很多社会因素的影响，如社会发展阶段、经济发展水平、国家的政策法规等。同时，创业也能为社会带来很多好处，如提供新产品和服务、提供就业岗位、推动社会进步等。我们在创业过程中，要把握好社会性这个特征，要使创业适应社会的变化，满足社会的需求，为社会发展而服务。

1.1.4 创业的基本要素

"创业教育之父"杰弗里·蒂蒙斯（Jeffry A. Timmons）被《商业周刊》和《成功》等杂志评选为创业管理教育领域的权威人士，提出了创业要素模型（又名蒂蒙斯模型），提炼出创业的三大核心要素：商机、资源和创业团队，构成一个倒立三角形，如图1-1所示。杰弗里·蒂蒙斯认为，成功的创业活动必须对三者进行最适当的匹配，并且随着事业的发展还要不断进行动态平衡。创业过程由商机启动，在创业团队建立后设法获取必需的资源，创业计划才能顺利实施。

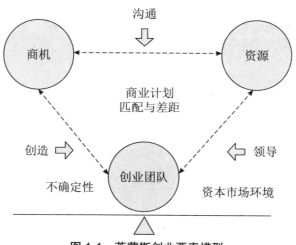

图1-1 蒂蒙斯创业要素模型

1. 商机

商机指由创业者发现或创造的可以利用的商业机会，它是创业的起点，也是创业过程中的关键阶段。商机源于市场的需求和变化，创业者对市场机会进行识别与评估，当某种有价值的创意能将潜在的需求转化为现实的价值时，这种创意就会转变为商机。因此，商机是创业过程的核心驱动力，创业的核心是发现和开发机会，并利用其实施创业。

2. 创业团队

知识经济时代的创业对创业者的要求越来越高，创业过程无法靠一个人完成，必须发挥团队的优势，吸引一群才能互补、责任共担、愿意为共同创业目标奋斗的成员加入，通过合作共创，实现优势互补、成果共享和责任共担。所以，创业团队在创业过程中起着非常重要的作用，是创业过程的主导者。

3. 资源

创业是从无到有，但不是无中生有，从0到1的过程中必然需要启动资源，资源是创业活动中不可或缺的支撑要素，是企业创立和运营的必要条件。需要注意的是，资源在任何时候都是稀缺的，不可能完全满足需要，创业者应结合自身实际，从"我是谁""我知道什么""我认识谁"等角度深入分析，再把关注点从个人拥有的资源转向价值创造，创造性发掘并整合资源，思考"我能帮助谁"和"可以解决什么"，可为自己或他人创造什么价值。为了合理利用和控制资源而编制的计划就是商业计划书。

商机、创业团队和资源构成了创业中三个不可或缺的关键要素。在创业过程中，由于商业机会的模糊性、资本市场及商品市场的不确定性以及外生因素的偶然性等共同作用，导致三个关键要素发展不均衡，从而产生风险，对创业活动产生影响。例如，在创业初始阶段，商业机会比较明显，但资源较稀缺，于是三角形向左边倾斜；随着初创企业的发展，可支配的资源不断增多，商机可能变得相对有限，三角形又会向右边倾斜。创业者应充分发挥领导、沟通和创造能力，合理使用和整合资源，不断寻求更大的商业机会，把握创业过程、抓住创业过程关键点、踩准创业节奏，及时调整商机、创业团队和资源的组合搭配，使三者得以匹配，以期实现动态均衡，保证企业平衡发展。

1.2 创业的类型

创业可以从不同维度划分为不同的类型，划分的维度包括创业的特征、创业企业的性质、创新性、资金投入量、投资主体等。对于创业者来说，了解创业的分类，既有助于更深入地了解和分析各种创业活动，又有助于更好地根据个人资源和特质选择适合的创业类型。

1.2.1 按照创业者的特征划分类型

按照创业者的特征划分，创业可以分为：生存型、梦想型、脱胎型和投机型。

1. 生存型创业

生存型创业又称被动创业，是指创业者为了自身的生存，迫于无奈而进行的创业活动。这种类型的创业一般情况下起点较低、选择面窄、条件艰苦、与自身的专业可以没有任何关系，一般集中在商业、餐饮业、小型加工业等领域。这一类型的创业占全部创业者的比例较大。大学生选择此类创业方式的原因一般有：所学专业不适合创业而又要创业的；家庭经济条件不允许做其他类型的创业；暂时找不到合适的工作，生存成为首要问题；有创业想法，但是资金又不充足，想通过此类创业积累原始资本。生存型创业在创业初期资源匮乏，创业者往往要亲力亲为，在企业管理与制度建设方面通常并未也无需建立起规范的管理规定，需要在企业步入正轨后逐步完善。

2. 梦想型创业

梦想型创业同生存型创业相对应，又称主动创业，是指创业者为了梦想与目标积极主动进行的创业活动。这种类型的创业者往往充满激情、活力与精力，将创业行为看作开创事业和自我实现的方式，他们通过眼光、思想、特长和毅力持续不断地付出努力，发现、感召和聚拢志同道合者和各种资源，推动企业不断发展。

3. 脱胎型创业

脱胎型创业是指创业者经过职场的锻炼，积累了大量经验、资源和人脉，审时度势后辞去职务，在自己熟悉和擅长的领域中进行的创业活动。该类型创业者一般为企业的高级管理人才。

4. 投机型创业

投机型创业者的创业动力更多来自于对财富聚集与对未来掌握的渴望，他们通常具有雄厚的资金或资源实力，又有敏锐的洞察力，凭自己独到的洞察与判断实施创业行为。投机型创业不会在某个行业深耕，而是以获取利润为目标，有时甚至会利用特权或政策的漏洞。此类型创业者看重的是员工的剩余价值与财富创造能力，至于情感、共同梦想、长期发展及员工培养不在考虑范围之内。这种创业方式投机性强，具有较大风险性。

1.2.2 按照创业的核心要素划分类型

按照创业的核心要素划分，创业可分为：知识型、关系型和机会型。

1. 知识型创业

知识型创业又称智慧型创业，是指创业者利用自身的知识和智慧来实施的与自身专业知识相关联的创业活动。这种类型的创业能够突出地体现出大学生创业的优势。高校一般会鼓励大学生从自己的专业角度出发从事创业活动，并且会提供政策的倾斜、一定的资金、免费的办公场所等优惠措施。

2. 关系型创业

关系型创业是指通过自身或周边社交获得资源而从事的创业活动。这种类型的创业主要通过一定的社交关系而进行，社交资源一部分是自身建立的，一部分是周边的亲朋好友所能提供的。通过社交来创业获得收益就是关系型创业。

3. 机会型创业

机会型创业是指创业者发现或遇到了某种适合创业的机会，通过自己的判断和选择来决定把握这个机会并实施的创业活动。这类创业成功的关键因素是创业者对机会的准确判断和把握。这类创业在时间和空间上余地很大，主动性更强。

1.2.3 按照创业企业的性质划分类型

按照创业企业的性质划分，创业可分为：生产型、管理型、商业型、科技型、金融型、服务型、网络型和公益型。

1. 生产型创业

生产型创业是指通过一定的技术生产产品，拓展产品的销售市场，并利用一定的管理方法运营企业的创业活动。这种类型的创业对创业者的综合素质要求高，要求创业者要掌握某种生产技术、有团队合作意识，以及具备企业的管理能力、处理危机的能力等各方面的条件。

2. 管理型创业

管理型创业是指具有工商管理等相关学科专业背景和社会经验的创业者所从事的能够为其他企业提供专业管理咨询服务的创业活动。这种类型的创业创办的一般是管理类企业，对创业者的学科背景和社会阅历要求较高。

3. 商业型创业

商业型创业是指通过营销手段推广某个新品种的产品、创立某个品牌的创业活动。这种类型的创业在所有创业活动中所占比重较大。

4. 科技型创业

科技型创业是指利用自己所掌握的科技手段，通过科技创新所进行的创业活动。这类创业的特点是创业者具有自己的专业优势、拥有某种专利技术或产权。

5. 金融型创业

金融型创业是指从事与金融相关的创业活动。例如，担保公司、投融资公司、典当行等形式都属于金融型创业类型。

6. 服务型创业

服务型创业是指通过提供市场所需求的服务为主要业务的创业活动。现代服务业是我国目前重点鼓励发展的行业，也是我国产业转型的一种有效形式。例如，翻译、培训、管理咨询、教育等服务机构都属于服务型创业。

7. 网络型创业

网络型创业是指创业者利用自身的信息类或电子商务类专业背景知识从事的有关互联网相关的创业活动。例如，创办网站就是属于这种类型。这种类型的创业在大学生创业中属于比较常见的一种创业类型，也是大学生创业者的优势。

8. 公益型创业

公益型创业是指创业者利用创新理念，同时兼顾社会效益、社会责任和自我价值实现所从事的创业活动。这类创业对于创业者和社会而言属于一种双赢的创业模式，它更容易被社会所接受和支持，一般不会直接面对传统市场中的竞争。

1.2.4 按照创业的创新性划分类型

按创业的创新性划分，创业可分为：复制型、模仿型、安定型、独创型和冒险型。

1. 复制型创业

复制型创业是指通过复制已存在公司的经营模式，利用特许经营权来从事的创业活动。这种类型的创业所占比例较高，但缺少科技创新和创业精神。

2. 模仿型创业

模仿型创业是指通过模仿他人创业的过程从事相似业务的创业活动。这种类型的创业特点是先通过模仿进入该行业维持企业生存，随着后期深入，逐步进入竞争者行列，它的目的是为了分市场上的一杯羹。

3. 安定型创业

安定型创业一般是指创业企业的内部创业活动，如某企业的研发小组开发一项新产品。这种类型的创业也具有创造价值，但是属于内部创业，不会面临较大的风险，所从事的活动一般比较熟悉。

4. 独创型创业

独创型创业是指通过提供的产品或服务能够填补市场上的某项空白而从事的创业活动。独创性可以通过整个商品或服务的独创、商品或服务的某种具体技术的独创来体现。这类创业具有一定的风险性，消费者对新产品或服务的接受需要经历一个过程。

5. 冒险型创业

冒险型创业是指敢于面对不确定因素和失败风险而进行冒险尝试的创业活动。这种类型的创业失败的风险程度很高，前途的不确定性高，但是对社会的创新贡献度高，对创业者的改变会很大，一旦成功，回报难以想象，如风险投资等。

1.2.5 按照创业资金投入量划分类型

按创业资金投入量划分，创业可分为：微型、大型和中小型创业。

1. 微型创业

微型创业是指规模较小的创业活动。这类企业属于低成本企业，投资规模一般在10万元左右，创业成员一般是以家庭富余劳动力为主，人员规模在15人以内。它的特点是灵活度高、成本低。由于大学生创业通常缺乏资金和经验，所以微型创业一般是大学生创业的首选。首先通过微型创业积累经验，再创办规模较大的企业，这样做可以避免投资风险，也可以解决资金不足带来的创业难题。

2. 大型创业

大型创业是指投资数额较大、风险相对较大、起步门槛较高的创业活动。这类创业对创业所需资金规模、技术实力等方面有着较高的要求。

3. 中小型创业

中小型创业是指在投资规模和实力介于微型和大型之间的一种创业活动，其投资规模和风险程度均介于微型创业和大型创业之间。

1.2.6 按照投资主体划分类型

按投资主体划分,创业可以分为:个人独资和合资创业。

1. 个人独资创业

个人独资创业是指创业者个人独立出资所进行的创业活动。

2. 合资创业

合资创业是指由两人或两人以上的创业者合伙出资所进行的创业活动。此类创业一般会成立股份有限公司或合伙企业。

1.2.7 按照创业者时间分配划分类型

按照创业者时间分配划分,创业可分为:全职型和兼职型。

1. 全职型创业

全职型创业是指创业者辞去职务,全身心地投入创业工作中的创业活动。这种创业形式体现了创业者的坚定与决心,但风险较大,不成功便成仁,也让创业者有破釜沉舟之感,在某种程度上可激发创业者的潜能。

2. 兼职型创业

兼职型创业是指创业者在拥有工作的同时利用业余时间来进行创业。这种方式符合纳西姆·尼古拉斯·塔勒布(Nassim Nicholas Taleb)提出的"杠铃原则",即应用积极主动与保守偏执的组合来消除不利因素,增加了创业的反脆弱性,降低了创业风险。

1.3 创业型人生

随着全球化时代的到来,使得流动性在深度、广度和速度上都显著提高,由此带来了更大的不确定性。这就要求未来的人才更要具备思维和创新能力、复杂问题的判断和解决能力等。

1.3.1 时代的不确定性

1. 不确定性与 VUCA

弗兰克·H. 奈特(Frank Hyneman Knight)在《风险、不确定性和利润》一书中对风险和不确定性进行了界定,他认为风险是可以被计算的概率和期望值的不确定性,而不确定性是不能被计算与评估的风险,这一理念得到学术界的普遍认可,并成了不确定性研究的基础。20世纪90年代,美国军方提出VUCA的概念,即volatility(易变性)、uncertainty(不确定性)、complexity(复杂性)、ambiguity(模糊性)的缩写,用来描述冷战结束后复杂多变的世界,后被商业公司用来描述充满不确定和快速变化的商业环境。

纳西姆·尼古拉斯·塔勒布是不确定性问题的实践研究者,被誉为这个时代最伟大的思想者之一,他在《黑天鹅:如何应对不可预知的未来》一书中认为,世界充满着各种不确定性,并且世界是由极端、未知和非常不可能发生的事物所主导的。塔勒布将这种事物定义为"黑天鹅",并举出了"农场主理论"的例子:一群养在农场里的火鸡,如果每天11点的时候得到农场主的喂食,它们中的某一只火鸡由此总结出了一个恒定的规律,农场的世界每天固定时间有大量食物从天而降。在某天,灾难降临了,农场主在这一天不再喂食,而是把火鸡做成美食送上餐桌。火鸡科学家遵循因果律寻找规律是符合进化论的,人类也是一样。因果律的存在可以提高效率、减少不必要的损耗,人们也习惯于运用因果律来预测未来;一旦出现突破因果律的特殊事件,规律不再适用,往往会使人们感觉无所适从、产生危机感,进而对社会发展和人民生活造成极大影响,这种特殊事件就是不确定性的体现。

那么,不确定性从何而来?为何对世界造成如此巨大的影响呢?

2. 不确定性的由来

传统的生活状态造就了生活的本地性,人们大都生活在比较狭小的地理空间之内,可以影响生活的主要因素不多,人们对自己的生活环境和影响生活的因素比较熟悉,也就可以在大体上把控生活方向,呈现自足状态,这种掌控感是确定性的来源。

现代化进程带来了城市化、工业化和商业化,意味着诸多元素的流动,尤其是全球化时代的到来,使得流动性在深度、广度和速度上都显著提升。这种流动性不可阻挡,本质上是由资本和技术带来的。资本总是会流动至产出效益更高的地方,技术也总是会流动至生产能力更强的地方,同时带动人员、投资、设备、生产和经营等因素的流动,形成了全球化对本地性的冲击。以人员流动为例,据调查,我国春运期间发送旅客数从1953年的2 500万人次上升至2020年的30亿人次,2021年由于疫情影响显著回落,仅为8.7亿人次。另外,投资、生产等因素的流动也使得企业在全球范围内压缩成本和开拓市场成为可能。全球化让影响生活的因素变得复杂,人们往往无法全面对这些因素产生清晰的了解,甚至一国政府也无法对这些因素进行单方面的决策和影响。随着全球化进程的演进,生活的本地性逐渐被瓦解,人们面临难以估计的不确定性,失去了对生活的掌控能力,造成失控感和不安全感,也就带来了风险。

3. 不确定性时代人才应具备的技能

世界经济论坛发布的《2020年未来就业报告》(以下简称"报告")显示,新技术的进步与应用将不可逆转地持续加速，在云计算、大数据、电子商务、人工智能等领域尤为突出；自动化取代人工的影响，对劳动者造成了负面效应，就业市场的变革速度远超预期，社会不平等将进一步加剧；到2025年，越来越多依赖重复操作的岗位将被人工智能替代，劳动分工将取代全球15个行业中的8 500万个工作岗位，针对数据录入、会计和行政服务等技能的就业需求正在减少，同时也会在关怀经济、人工智能、内容创造等多个领域出现9 700万个新的就业岗位；相比较于机器而言，人类仍能够在管理、咨询、决策、沟通和互动交流等领域维持相对优势；未来大部分白领员工将在线办公；在线学习和培训兴起，就业者和失业者呈现不同的课程类型偏好。

展望未来五年，报告预测了全球就业市场最需要的10类能力（如表1-1所示），不同行业的能力或技能缺口显示出一定程度的共性，员工普遍缺乏批判性思维和分析能力、复杂问题解决的能力和自我管理能力，如韧性、抗压性和灵活性等。

表1-1 2020年与2025年全球就业市场最需要的10类能力比较

2020年	2025年
复杂问题解决能力	分析思维和创新能力
批判性思维能力	主动学习能力和学习策略
创造力	复杂问题解决能力
人员管理能力	批判性思维和分析能力
与他人合作能力	创造力、原创性和主动性
情商	领导力和社会影响力
判断与决策能力	技术使用、监督和控制能力
服务导向能力	技术设计和程序设计能力
谈判能力	韧性、抗压性和灵活性
认知灵活性	推理能力、解决问题的能力和思维能力

在不确定性时代，对于大学生来说，单纯对课本上的知识进行记忆、理解和应用显然是远远不够的，提高个人素质，具备良好的自驱力、创造力、抗压能力和沟通协调能力，学好专业知识，能够结合专业去发现、分析和解决复杂问题，才是具备职业竞争力的体现。概括地说，就是让自己成为创业者，从创业者的角度出发考虑问题。

1.3.2 创业思维与管理思维

1. 因果逻辑与管理思维

20世纪初，泰勒提出科学管理的概念，成为现代管理理论的智慧根基，让管理学成为一门需要独立研究的科学。传统的管理理论产生于稳定的市场环境，以经典经济学和社会学为理论基础，遵循因果律，认为未来是可以通过过去的行为、模式和经验来预测的，企业的决策和行动建立在公司目标以及预测的基础上。在当代管理理论中，战略管理理论虽然也开始关注变化的市场,关注竞争的动态性和互动性,强调战略柔性、速度和创新,但其基本逻辑依然是因果逻辑。

在管理思维模式下,企业具有明确的目标,强调先计划后行动,管理者的视角是预设目标和预测未来,通过确定目标、制订计划、匹配资源、组织执行等步骤实现管理过程。企业在拥有资源后才能展开活动,资源不到位的时候只能等待,就管理过程而言是 1 到 N 的过程,适用于抗击风险能力较强的大型企业。

2. 效果逻辑与创业思维

企业在初创阶段抵御风险的能力较弱,往往具有规模不大、目标不清晰、资源匮乏的特点,不确定性的环境和变动的资源可能随时改变企业的目标,资源到位再采取行动的做法可能导致永远无法迈出第一步,这个时候主流的预测—决策式的企业管理研究和经济学、社会学基础假设已不能完全适用。

萨阿斯·萨阿斯瓦斯(Saras Sarasvathy)从创业专家的思维和行动出发开展观察研究,她从 1960—1985 年美国最成功的 100 个创业者名单以及 1960—1996 年美国国家年度创业者名单中选取了跨行业、跨国家、跨年代的 45 位创业专家作为研究对象,采用口头报告分析法分别对这些专家进行深度访谈,总结出有助于创业取得成功的因素,提出了效果逻辑理论,如图 1-2 所示。效果逻辑是一种行动逻辑,强调立足现有资源创造或发现机会,通过互动扩展资源和目标、面向意外调整资源和目标、通过行动和不断迭代逐步追求创业者满意的效果,最终形成新企业、新产品和新市场,实现创业目标。最终实现的目标可能会与当初设定的有很大差别。

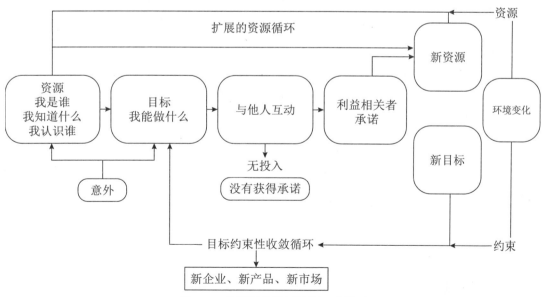

图 1-2 萨阿斯的效果逻辑理论模型

效果逻辑理论指代的思维方式强调即刻行动、立足资源、加强互动和不断迭代，这些都是创业思维的表现形式。在创业思维指导下，管理者的视角是创造而非预测未来，企业往往没有明确的目标，而是强调从拥有的资源出发即刻行动，基于实践在行动中不断学习和创造以降低风险，依赖利益相关者，在环境变化中发现资源和约束，就管理过程而言是0到1的过程，适用于中小企业和初创企业。

为降低创业风险，萨阿斯还面向创业者提炼出基于效果逻辑的五项行动原则。

（1）手中鸟原则（bird-in-hand）。手中鸟原则来自西方谚语"双鸟在林不如一鸟在手"。效果逻辑强调从拥有的资源出发，对于创业者来说，自己拥有并可以控制的资源才是真正的资源。资源的发现可以从"我是谁""我知道什么""我认识谁"三个方面考虑，对资源的审视可以锻炼创业者创造性的发现和运用相对贫乏的资源——包括平时不重视的闲置资源，个人的性格特点、能力、专业、经验和人际网络等都是可以利用的资源。立足资源，创业者应考虑可以创造些什么。

（2）可承担损失原则（affordable loss）。可承担损失原则是指创业者通过计算可以承受且愿意承担的损失来控制风险的方法。创业失败的例子比比皆是，创业者需要在创业开始时设置可承担损失的心理预期，并在创业过程中想方设法让损失不超出预期。这种损失可以是金钱，也可以是时间，还可以是有价值的其他资源。不同的创业者创业动机和强烈程度不一样，设置的可承担损失也会不一样，这个原则就是让创业者对损失有一个清醒的认识，依据可承担的损失做出决策，将风险降至最低。

（3）柠檬水原则（lemonade）。柠檬水原则来自西方谚语"当生活给了你柠檬，就做成柠檬汁吧"。柠檬又酸又苦，柠檬水却酸甜可口，这个原则指的是要以乐观的心态面对生活中的艰难苦涩，主动接纳并巧妙利用，生活以痛吻我，我却报之以歌。创业过程中的不确定性不可避免会带来意外，创业者的核心技能就是相信任何事情都有积极的一面，将意外事件看作资源和机遇，以此培养自我效能感，让创业者对自己处理意外事件的能力充满信心。

（4）拼布被子原则（patchwork quilt）。拼布被子原则源自美国中西部地区妇女用拼布共同缝制被子的消遣活动，意指生成和共创。创业初期资源匮乏，创业者要寻找利益相关者，结合自己的创业项目和创业想法同他们互动，吸引志同道合的伙伴和新的资源加入，再结合新资源同利益相关者一起来修正目标。运用拼布被子原则可以带来更多的行动资源，同时有效分散风险，形成团队之后还可为项目提供更多的创造性，提升创业者的自信心和可信度。

（5）飞行员原则（pilot-in-the-plane）。这个原则是统领性原则，意为飞机中的飞行员掌控着前进方向，促使创业者专注于能够产生良好结果的个人行为并持续贯彻执行。根据飞行员原则，创业者应迅速评估可用资源和可承担损失，迅速采取行动，区分可控制、可影响和无法控制或影响的事件，控制可以控制的，影响可以影响的，对于无能为力的及时调整策略，顺应当前形势，让创业过程拥有更加牢固的根基。

3. 管理思维与创业思维

需要注意的是，创业思维并不比管理思维更先进，二者也绝非对立的关系，只是适用于不同情境，在本质上是相互联系、相互依赖并相互转化的关系。创业思维的起点是行动，这种行动正是基于经验的判断和预测；管理思维强调计划和执行，但如果在过程中遇到变化，就需要灵活运用创业思维。如前所述，企业初创阶段运用较多的是创业思维，运行阶段运用较多的是管理思维，但无论是哪个阶段，只有灵活地将两种思维方式进行融合，才能使企业更具竞争力和生命力。

1.3.3 创业与人生

从就业的角度看创业，可以理解为是一个人根据自己的性格、兴趣、所学专业、能力等选择适合自己的事业，并把握机会，为事业的成功整合资源、付出努力，最终实现自己人生目标的过程。

1. 工作态度与创业精神

1）工作态度

工作态度是对从业者工作所持有的评价与行为倾向，包括工作的认真度、责任度和努力程度等。对工作的态度可以折射出一个人的秉性、志向和格局，驱动力不同，从业者的视角和表现也不相同。

（1）任务驱动。从业者基于就业视角，将工作视为谋生的手段和领导交办的任务，往往以完成任务为目标，为了完成而完成，缺乏大局观，忽略了个人成长。

（2）职业驱动。职业的内涵是专业化和标准化，代表了职业责任、职业行为和职业素养。从业者基于就业视角，从完成工作和服从安排的角度出发，强化专业能力，以工匠精神打造产品和服务；加强执行力，坚决且高效的执行领导交办任务；增强责任感，对自己责任和义务高度自觉，可以将本职工作放在大环境中主动考虑。从业者可以从职业的角度审视工作，但缺乏主动性和创造性。

（3）事业驱动。事业驱动是职业驱动的升华，从业者基于创业视角，对待工作有一种非做不可的使命感。除了专业能力、执行力和责任感之外，还具备自驱力和创造性，可以从创业者的角度出发，发掘资源、评估损失、寻找利益相关者，主动站在不同的角度去发现、思考并解决问题。

（4）人生驱动。将事业的广度和深度拓宽至人生的层次，从业者基于创业视角，将创业看作是一种思维方式和行为方式，一种不满足于现状、敢于创新并承担风险的精神，一种在考虑资源约束的情况下把握机会创造价值的认识。从业者养成创业型人格，保持开放心态、妥善处理风险、乐观主动地投入工作与生活，不疾不徐、张弛有度，将生活与工作融会贯通，让工作的意义变得丰富而自然，让生活的意义变得充实而有价值感，优雅地解决面临的所有问题。

2）创业精神

创业精神即企业家精神，包含创新精神、思考精神、匠心精神、契约精神、担当精神和共享精神，意味着锐意进取和永不言败。企业家精神不仅是企业家个人的精神，还是企业的精神、城市的精神、社会的精神乃至民族的精神。创新是一个民族进步的灵魂，是一个国家兴旺发达的不竭动力。如今的中国正处于百年未有之大变局和实现中华民族伟大复兴的关键时期，为实现"两个一百年"奋斗目标、实现中华民族伟大复兴的中国梦，党的十八大明确提出要坚持走中国特色自主创新道路、实施创新驱动发展战略，高科技产业的发展状况是一个国家国际竞争力的主要决定因素。中华民族要在世界竞争中立于不败之地，必须培养具有创业精神的个体和群体，建构塑造具有创业精神的社会文化，最大限度激发整个社会的创新创业热情，使创业精神成为推动社会繁荣和经济增长的动力。大学生是中国最具活力的群体，如果失去了创业、创新的冲动和欲望，仅仅安于现状和墨守成规，那么中华民族终将失去发展的动力源泉。作为肩负伟大历史使命的当代大学生，应当厚植家国情怀、树立创业精神、提高内在素质、锤炼过硬本领，以创新的勇气、创业的实干、创造的能力，在创新创业创造的时代实践中寻找人生价值。

2. 大学生创业价值观

（1）创业创富观。创业创富观涉及大学生在创新创业活动中的态度意愿、道德伦理、价值取向等问题，积极健康的创富观包括如何正确认识财富和如何正确创造财富，具体表现为：倡导开展基于创新而不是简单低阶的创业活动；倡导共同创造和分享财富，消除仇富心理，财富本身没有正义邪恶之分，区别在于创造、占有和使用财富的人；倡导大学生在创业过程中寻求满足和成长，单纯的物质财富不能作为创富观的唯一表征；倡导将社会利益而不是企业利益作为评价成功与否的标志。

（2）创业事业观。创业事业观是创业者的世界观、人生观、价值观在职业选择上的具体表现，积极健康的事业观包括如何看待创业和如何应对创业，具体表现为：倡导树立敢于担当、干事创业的创业精神，敬重、认同、珍惜、热爱自己的事业，尽己所能，全力以赴；倡导创业的乐趣在于过程而非结果，创业的过程就是实现自我的过程；倡导树立实现自身价值与服从社会需要相结合的择业理念，大学生创业是为社会服务，应正确处理个人利益和集体利益的关系；倡导树立良好的职业道德，以诚信为本，爱岗敬业、团结协作、勇于奉献。

（3）创业使命观。习近平总书记在纪念五四运动100周年大会上的讲话中对新时代中国青年提出了六点要求，即树立远大理想、热爱伟大祖国、担当时代责任、勇于砥砺奋斗、练就过硬本领、锤炼品德修为。投入创新型国家建设，是新的历史时期党和国家宏伟事业向每位大学生发出的强有力的召唤，是时代赋予大学生的神圣使命。积极健康的使命观包括如何树立正确的使命观和如何完成使命，具体表现为：倡导将大学生的使命观与国家改革和发展需要相结合；倡导大学生通过知识积累能力，将所学充分运用到为国家和社会的服务中去；倡导大学生树立信仰，坚持以信仰为先导传播正能量，养成担当精神。

（4）创业奉献观。奉献是人生的永恒追求，奉献观作为一种高尚的个人价值可以推动整个社会的进步。积极健康的创业奉献观有益于打破大学生的平庸心理，激发他们的事业心和责任感，具体表现为：倡导大学生努力寻找和实现个人价值，发挥"敢为天下先"的主人公意识；倡导大学生实现个人价值和社会价值的统一。

思考题

1. 创业的含义是什么？简述创业的基本特征和基本要素。
2. 创业的分类依据有哪些，分别分为哪些类型？
3. 创业思维和管理思维在应用层面有什么不同？
4. 大学生应形成什么样的创业价值观？

淘宝发布新365行：平均每天诞生一个新职业

即测即练

微课视频

第 2 章　成为创业者

学习目标

1. 理解岗位创业的含义；
2. 理解岗位创业者、自主创业者以及一般管理者的区别；
3. 了解改革开放以来的五次自主创业浪潮；
4. 熟悉自主创业行动流程。

案例导入

坚定的守望者——张桂梅

1957年6月，张桂梅出生在遥远的东北，幼年丧母，中年丧夫，命运似乎未曾对她施以眷顾。为了坚守那个"只要还有一口气，就要站在讲台上"的诺言，她坚守滇西贫困地区40多年，节衣缩食帮助学生，身患重病仍坚守岗位。她建立起中国第一所免费的女子高中——华坪女高，为那些陷入蒙昧、迷途中的山区女孩拨去迷雾，教育她们独立自强，使1 600多名贫困家庭学生圆梦大学，走上更明朗的未来，托举起贫困家庭脱贫发展的希望与信心。

"我想读书，但是家里没钱"是当时女孩子读书的最大难题，怎么样才能救救这样的女孩子呢？这个难题久久绕在张桂梅心头。张桂梅发现培养一个女孩，最少可以影响三代人。一个现在看来依然有些"疯狂"的想法在张桂梅心中越来越清晰："我想为这些大山里的女孩建一所免费的高中！"为了这个"疯狂"的想法，她开始四处奔走筹款，风吹雨淋，被冷落、唾骂，却只筹得一两万元。直到2007年，张桂梅当选党的十七大代表，赴京参会期间，一篇题为《我有一个梦想》的采访报道让更多人理解了张桂梅的女高梦。2008年，在中央和各级政府以及社会爱心人士的支持下，华坪女子高级中学正式挂牌成立，这是全国第一所全免费的女子高中。

华坪女高首届共招生100人。她们大都来自山区，多数没有达到普通高中录取分数线，还有一些孤儿、残疾学生、单亲家庭学生、父母残疾的学生和下岗职工子女。但只要是女孩，只要还想上学，华坪女高都向她们敞开怀抱。三年后，她们中有96人坚持到最后参加高考，全部考上了大学。自2011年有首届毕业生以来，学校综合排名连续10年位列丽江市一区四县榜首。

在华坪女高，学生的时间是以分钟计算的。华坪女高学生普遍入学基础差，高中不仅要学新知识，还要补之前落下的课程；重要的是，必须让她们知道什么是文明，什么是先进，什么是现代化。必须用一个更大的世界，一种更广阔的精神，将女孩们的心灵充实起来。张桂梅用一个个严苛至分秒的要求，改变着这些女孩的生活习惯和生活态度。办学十多年来，华坪女高已经把上千名毕业生送进大学，她们考入了四川大学、武汉大学、厦门大学、浙江大学等知名学府，她们读研、读博，在各自的工作岗位上闪闪发光。她每年都在鼓励女孩们考上更好的学校，她对这些女孩更高的期待不是一定要考上名牌大学，而是希望她们变得更强，有能力去帮助那些需要帮助的人。

张桂梅同志获得了时代楷模、全国十佳师德标兵、全国十佳精神文明人物、全国十七大代表、云岭楷模等四十余项荣誉称号，还在建党百年之际获得习近平总书记亲自颁发的党内最高荣誉——七一勋章。她把自己的十七大党代表证、五一劳动奖章、奥运火炬和毕生的荣誉证书，全部捐给了县档案馆。她说："我的一切都是党和人民给的，我奉献给党和人民的还远远不够。"

（作者根据张桂梅事迹文章改编）

联合国教科文组织将创业教育定位为培养具有开创性素质和能力的个人，并强调这对于开办企业和领取报酬的人都同等重要。"大众创业、万众创新"的时代背景对从业者创新创业的能力提出了新的要求，完成本职工作、在事业上有所成就成了岗位基本职责，首创精神、冒险精神、创业和独立工作能力以及技术、社交和管理技能等素质和能力得到越来越多雇佣者的青睐。

对于高校来说，就是要将原有以培养自主创业的人才为主的创业教育，往以培养岗位创业人才和自主创业人才并重的创业教育方向进行转变。高校培养以岗位创业为特质的人才，既是高校落实国家创新驱动发展战略、服务创新型国家建设的重要途径，也是高校创业教育发展的新趋势。与此同时，还要让创业教育跳出就业教育的藩篱，不再仅仅是满足于教育人们选择适合的工作岗位，而是要根据自身个性特点、兴趣爱好、知识结构和能力素质，在积极拓展当前资源条件的前提下去识别、利用和开发机会，在社会中创业并创造价值。这个创业泛指广义的创业行为，强调价值创造。

对大学生而言，结合了岗位创业教育和自主创业教育的创新创业教育会促使大学生主动把个人发展与社会需要紧密结合起来，积极培育和积累自己的核心竞争力，保障个人资本价值的实现。

2.1 岗位创业

岗位创业指的是从业者立足工作岗位，积极拓展资源，充分运用自身专业技能知识，以创业者的姿态投入岗位进行的创新创业活动。

2.1.1 岗位创业理论

1985年,美国学者吉福德·平肖(Gifford Pinchot)在《创新者与企业革命》中提出岗位创业理论(Intrapreneurship,也译作"内创业理论"),对在已建立的组织中如何开展创业活动进行研究,他首次提出内创业者的概念,将其定义为能够在现行公司体制内,发挥创业精神和革新能力,敢冒风险来促成公司新事物的产生,从而使公司获得利益的管理者,既包括企业创始人,也包括在企业创新中处于关键位置的中层管理人员。岗位创业理论在学术界引起广泛讨论,学者们主要通过三种视角对岗位创业的内涵开展研究。

1. 资源论视角

从资源约束的角度,维斯珀认为岗位创业就是基于资源在企业内部打破常规约束,寻求新的项目和工作机会;斯塔文森和贾里洛认为岗位创业是指从业者不被当前控制的资源所约束,在组织内部努力去追求创业机会的过程;麦尔则将岗位创业定义为从业者以适当的方式充分利用之前未发挥最大效用的资源来提高组织的经济效能的过程。

2. 创业精神视角

将企业创业精神、冒险精神和内部创业精神与岗位创业联系在一起,卡里尔和海瑞尔认为岗位创业是目标驱动下创造新事物的过程,是公司创业精神的体现;安东西奇和希里奇将岗位创业定义为现有组织内的创业;乌斯鲁认为岗位创业取决于企业的创新环境。

3. 创业活动视角

基于创业活动的视角,岗位创业是为了获得创新性成果以争取组织授权和资源保证而开展的创业活动。阚星辉认为岗位创业分为广义和狭义两种,广义岗位创业指企业内部的各种创造和创新活动,狭义岗位创业主要指新业务和新产品的创造;吴道友认为岗位创业是个人、组织和环境结合的多维现象,可划分为风险创业、创新、自我变革和行动领先四个维度。

根据研究,岗位创业具备以下特点:第一,岗位创业倡导组织内部变革,以资源优化运用为基础,以内创业者的创新创造热情为动力,以提高组织的经济效能为目标,能够激发企业内的创新活力,使企业具有高度竞争力;第二,岗位创业是组织创业精神的体现,反映了组织可能产生创新产品、服务、工艺流程、组织结构等新思想、新创造的倾向;第三,岗位创业代表了组织行为导向,以企业内部的创造和创新活动支撑当前产品、服务、技术、结构等要素向更优的方向延伸;第四,岗位创业在现有的组织内部开展,组织架构、体制机制、个体特征和内外环境都会对岗位创业的效果产生影响。

综上所述,众多的理论研究和实践经验表明,岗位创业是组织内部创业意识和创新精神的体现,可作用于新业务、新领域的产生,新产品、新服务的开发,新目标、新战略的形成,对组织发展乃至社会经济的增长都能起推动作用。

2.1.2 岗位创业者

1. 岗位创业者的含义

岗位创业者是指在现有组织中发挥创新创业能力,立足岗位促成新事物产生,使组织获得利益的从业者。他们具有创新意识和批判精神,不愿墨守成规,善于将自身的创新精神转化为组织的创新行为;他们是某方面的专业人才,具有较强的独立工作能力和持续学习能力;他们有强烈的成就动机,愿意承担挑战性和开创性工作,敢于做出决策并承担风险。

2. 岗位创业者的特征

岗位创业者既要立足岗位探寻机会、寻找资源、创造价值,又存在于组织内部发挥管理职能,致力于拥有资源利用率的最大化,兼具自主创业者和一般管理者的特质,更是需要在工作中适时切换管理思维和创业思维,将两种思维方式深度融合。如表2-1所示,从目标定位、组织结构、关注焦点等方面对岗位创业者、自主创业者和一般管理者的部分特征进行了比较,以便进一步明晰岗位创业者的特质。对大学生而言,成为岗位创业者就要着眼于个人能力增长,紧密结合专业知识和自身资源锤炼创新思维、培养创业心态,毕业后未必以开创新组织为就业目标,立足工作岗位同样可以成就一番过人的事业。

表2-1 一般管理者、自主创业者和岗位创业者的部分特征比较

特 征	一般管理者	自主创业者	岗位创业者
目标定位	维持良好的企业秩序,保持正常的运转	创造新的机会,创立企业,获得利润	利用企业内的资源,从事创新活动,获得奖励和晋升机会
组织结构	依赖于企业的组织结构和规章制度	创立自己的企业结构和规范	建立在企业内部,一定程度上受到组织和规章的约束
关注焦点	主要是企业内部的事件	主要是技术和市场定位	兼顾企业内外的事情:向企业传递市场的要求,并关注顾客的要求
行动方式	根据授权实施性的,大量的经历用于监管和报告	直接行动	在授权的基础上行动,注重创新性
技能	通常受到商学院教育;使用抽象的管理工具、人员管理和政治技巧	具有比管理或政治技能更大的商务洞察力,具有较好的统筹能力	统筹能力要求低于创业者,但往往在某方面具有技术专长
风险承受	风险较小	承受极大风险,一旦失败,很难东山再起	有一定的风险,由企业与其一同承担

3. 岗位创业者的优势和劣势

相较于自主创业者,岗位创业者有具备资源丰富、风险小和专注度高三方面的优势。

首先，由于组织资源基础坚实，岗位创业者在争取决策者的支持后可以通过合理利用资源较为便利地将机会转变为现实，创业成功的可能性较高；其次，岗位创业的可能损失会设定在组织所能承受的范围内，风险由组织共同承担，岗位创业者所承担的风险较小；最后，自主创业者要兼顾组织创立的各种事项，而岗位创业者只需完成预先设定的创新目标，岗位创业者具有较高的专注度。

相较于自主创业者，岗位创业者同时也存在三方面的劣势。

首先，岗位创业者的活动局限于组织内部，在一定程度上必然受组织政策、行业规则及规章制度的限定，岗位创业者的创新行为要取得组织认可，无法享有充分的自主决策权；其次，岗位创业者作为组织内部的革新者，其创新行为可能会对组织现有的秩序产生冲突和挑战，成为组织内部的不稳定因素，也将阻碍岗位创业者能力的施展；最后，相对于自助创业者创业成功的丰厚物质回报，岗位创业者的报偿更多体现在职业生涯的提升，可能出现激励不足的情形。

4. 岗位创业者的素养与能力提升

岗位创业要谋求创业者和企业的共赢，创业者要明白努力工作最终是为了发扬创业精神，树立同企业共同成长的理念，用个人的成长推动企业的成长，以收获企业的发展、自身经验的积累和能力的提升，具体体现在以下几个方面。

（1）认清自己，规划未来。适合个人并可发挥优势的岗位是从业者开展岗位创业的有效保障，应立足自身能力和知识储备，分析个人性格特点和兴趣爱好，结合发展前景、工作环境、工资待遇、提升机会等外部因素，综合考虑后结合自身情况确立明确的奋斗目标。目标定位一般分为五种类型：第一，技术型，从业者崇尚专业和技术，喜欢面对来自专业领域的挑战；第二，管理型，从业者致力于职位晋升，倾向于进行全面管理并承担责任；第三，安全型，从业者追求工作的稳定和安全，包括职业稳定和情感稳定，相对于职位和工作内容，他们更关心财务安全；第四，自主型，从业者向往自由随性的工作环境，为了自由与独立可以放弃提升或工作扩展的机会；第五，创造性，从业者希望获得可以创造和施展才能的空间，往往要求较大的自主权。同时，由于自身条件和外部环境是不断变化的，从业者在创业的同时既要坚定地坚持目标，也要审时度势结合具体情况对岗位、发展路线、目标及计划进行适度调整。

（2）完成工作，追求卓越。看待工作的态度是普通从业者和岗位创业者的本质区别，普通从业者将工作视为谋生的手段，岗位创业者岗位将工作视为神圣的使命。岗位存在差异，但工作本身没有贵贱之分，岗位创业者应当脚踏实地、敬业专注、精益求精、持之以恒地做好每一件小事，想明白工作中的逻辑和道理，在每一次进步中总结经验，在每一次失败中汲取教训，厚积薄发，把握机遇，体会倾注热忱带来的成就感和获得感。

（3）积极乐观，充满热情。积极和热诚是岗位创业者的必要品质，更是一种思维方式和行为习惯。岗位创业者应恪守职业道德，把职业当成信仰，怀有恭敬之心；能够正确处理付出和获得的关系，每天比别人多付出一点；具备自驱力，主动思考能够为企业做什么，当工作势在必行且对企业发展有推动作用时主动担当作为；第一时间行动，切勿等待拖延，不要等万事俱备的时候再行动，条件是需要创造的；对工作充满激情，勇于直面困难，坚信办法总比困难多，才能无所畏惧，不断向前；做好时间管理，优先处理紧急且重要的工作，把主要的精力和时间放在集中处理重要但不紧急的工作上。

（4）勇于创新，突破桎梏。岗位创业者不满足于按部就班、循规蹈矩地完成工作，而是勇于向"不可能完成"的工作挑战。岗位创业者应具备创造力自信，通过捕捉记录灵感、适度放松、更换环境、不满足于现有方案、投身新领域等方式有意识地培养创新意识和创新思维，日常生活中注重有价值和有关联的信息积累，在工作中寻找可以创新的点滴；还应正确认识失败，不怕挫折、不断尝试。

（5）少找借口，多担责任。责任胜于能力，责任感可以带来强大的精神动力，让人们主动实践、不断提高，以弥补能力上的不足。岗位创业者具有强烈的责任心和使命感，也就有了工作的勇气、实践的智慧和前进的方向，他们不仅仅完成份内的工作，还时时刻刻为企业考虑，出现失误不找借口，遇到困难主动克服，把工作当成事业，以积极性和自驱力应对压力，从而获得成就感和满足感。

（6）融入团队，善待队友。每个人的工作都必然会同其他人产生衔接，每个人也都处在团队之中，团队力量可以弥补个人能力的不足，也可以形成群聚效应，让每个成员的才能得到更好的发挥。岗位创业者应具备沟通意识和团队合作意识，礼貌谦逊、彼此宽容、尊重个性、同舟共济，以最大的诚意善待队友，把团队的成功看作是个人的成功。

2.1.3 高校培养岗位创业人才的必要性

1. 岗位创业人才培养是高校创业教育的基本要义

根据《就业蓝皮书：2021年中国大学生就业报告》，2015届本科生毕业半年后75.1%就职工作，2.1%自主创业，毕业五年后这个数字分别变为89.6%和4.3%；2017届高职生毕业半年后82.8%就职工作，3.8%自主创业，毕业三年后分别变为84.2%和7.5%。根据数据可知，社会对就职工作者的需求远远超过自主创业者，并且随着毕业时间增长，就职工作的岗位创业人才和投身创业的自主创业人才的需求都在增长，由此可见，高校创业教育不可只集中在自主创业人才培养上，培育大量优秀的岗位创业人才才能契合社会经济发展需要。有调查表明，大学生对创业教育的需求，只有11.1%的被调查对象是为了自己以后创办企业，而77.8%的被调查对象是为了提高综合素质，增强就业竞争力。高校开展的岗位创业教育就是要将创业教育看作通识教育与素质教育，结合学校特色和区域经济发展需要，面向全体大学生，将创业教育的理念与内容深度融入专业教育和人才培养全过程，提升全体大学生的创新意识、创业精神和创业能力，其核心是培养既懂专业又善创业的高素质复合型应用人才。

2. 岗位创业人才培养是创新型国家建设的需要

党的十八大以来，我国实施创新驱动发展战略，"高等教育培养拔尖创新人才能力不足，高等教育与经济社会文化发展结合不够紧密，学生创新精神、创业意识和创新创业能力薄弱"的现状迫切需要改变。创新人才是社会经济发展最富活力和创造性的因素，纵观当今世界，国家综合国力的竞争，不管是经济、科技、军事等硬实力的竞争还是文化软实力的竞争，实质上都是创新人才的竞争。岗位创业人才本质上是立足本职工作创业的创新人才，是社会主义现代化国家建设的主力军，培养质量直接影响全面建成小康社会和中华民族伟大复兴中国梦的实现，高校岗位创业人才培养任重而道远。

2.2 自主创业

自主创业指创业者在经济社会环境中，捕捉机会，投入劳动及资本、资源、信息、技术、经验等其他要素自己创办企业，最终实现自身价值、经济价值和社会价值统一的过程。

2.2.1 改革开放以来的自主创业浪潮

1978年，在我国的国内生产总值中，公有制经济占99.1%，非公有制经济仅占0.9%；在工业总产值中，公有制经济占99.8%，非公有制经济占0.2%。改革开放以来，国家至少经历了五次自主创业浪潮，每一次都有一个从上而下的过程，离不开政府和政策的引导，与中国经济的发展息息相关。

1. 第一次创业浪潮

1978年，十一届三中全会确定了改革开放的经济发展战略，农村改革成为焦点和重点。家庭联产承包责任制的推广极大地调动了农民的生产积极性，促进了农村商品的生产和交换，农村地区和偏远的四五线城市涌现出大量乡镇企业，掀起了第一次自主创业浪潮。这次创业浪潮的创业者以无业人员为主，经营范围以农业产品和小商品贸易为主，极大地推动了农村经济的发展。

2. 第二次创业浪潮

1984年，邓小平同志视察深圳、珠海等特区，同年10月，十二届三中全会通过了《关于经济体制改革的决定》，突破了把计划经济同商品经济对立起来的传统观念，确认我国社会主义经济是在公有制基础上的、有计划的商品经济，采取增强企业活力、运用价值规律、建立合理的价格体系、实行政企分开、建立多种形式的经济责任制等改革措施，把农村进行的承包制的成功经验引进工厂改革，以城市为重点的经济体制改革全面展开，掀起了以制度变革和工业改革为主的第二次创业浪潮。

3. 第三次创业浪潮

1992年，邓小平同志视察了武昌、深圳等地，发表了著名的南方谈话，从根本上解除了把计划经济和市场经济看作属于社会基本制度范畴的思想束缚。10月，十四大明确提出我国经济体制改革的目标是建立社会主义市场经济体制，改革开放的步伐进一步加快。1993年11月，十四届三中全会审议通过《关于建立社会主义市场经济体制若干问题的决定》，将十四大提出的经济体制改革的目标和原则具体化，提出坚持以公有制为主体，多种经济成分共同发展的方针，鼓励一部分地区一部分人先富起来。宽松的政策环境掀起了又一波创业浪潮，"下海"成为当时的热点和关键词，一大批有稳定工作但收入较低的国家公务人员和知识分子等社会精英走上了自主创业之路，他们普遍具有企业现代管理意识，具有较强的资源整合能力，懂得资本运作，对宏观环境变化有灵敏的嗅觉。自此，新设企业不再仅仅集中在劳动密集型产业，一大批高新技术企业诞生并迅速在行业内取得优势地位，成为我国技术创新的重要力量。

4. 第四次创业浪潮

20世纪90年代后期，信息技术发展至互联网时代，互联网技术的兴起与普及大大推进了全球化的进程，大批留美学生把美国市场的成功项目移植国内，催生了一大批高科技的互联网公司，新浪、搜狐、网易、阿里、百度、腾讯等互联网企业便是在这一时间节点上崛起。模仿硅谷的创业项目，再加上来自硅谷的资本支持，成了这一轮海归创业潮最鲜明的特征。与此同时，受改革开放的冲击，大量效率低下的国有企业改制重组，引发大量裁员，导致一部分人因失去工作被迫进行创业。这次创业浪潮的创业者以互联网精英和下岗人群为主，表现出行业细化和手段多样的典型特征。创业教育也开始逐步在高校中萌芽。

5. 第五次创业浪潮

第五次创业浪潮始于2008年，全球金融危机带来了出口下降、企业倒闭和股市受损，为应对危机，政府投入4万亿元，推出了进一步扩大内需、促进经济平稳较快增长的十项措施，推动了新一轮的创业浪潮。自"留学热"之后，"回国潮"现象持续显现，据教育部统计，在1978—2019年，各类出国留学人员累计达656.06万人，其中165.62万人正在国外进行相关阶段的学习或研究；490.44万人已完成学业，423.17万人在完成学业后选择回国发展，占已完成学业群体的86.28%。全民创业潮与海归创业潮的叠加成为中国经济转型和升级的发动机。

2014年，李克强总理提出"大众创业、万众创新"，强调要借改革创新的"东风"，掀起"大众创业""草根创业"的浪潮，形成"万众创新""人人创新"的新态势。目前，我国经济已由高速增长阶段转向高质量发展阶段，正处于转变发展方式、优化经济结构、转换增长动力的关键时期,各国综合国力竞争日趋激烈,国家及各级地方政府出台了一系列扶持政策,大力营造有利于创新创业创造的良好环境,全国各地的创业园区、创业孵化器、众创空间如雨后春笋般涌现,大量在世界范围内有影响力的新兴科技公司成批出现,与历次创业浪潮相比,这次的创业浪潮无论在规模、数量还是政府的推进力度上都是空前的。

2.2.2 自主创业行动流程

创业有风险,行动需谨慎。创业者开展自主创业行动靠的不是一腔热血,而要对自主创业充分了解,权衡利弊检验自己是否做好准备;同时也不必畏首畏尾、裹足不前,让自己具备创业者的素质,找准方向、设定底线、主动积极、即刻行动,在行动中不断创造价值、得到成长。

1. 了解自主创业

自主创业者可以不受他人掣肘,工作上更具灵活性,可以在提供产品、服务并创造就业机会中获得成就感,也可以获得更多收入。同时也肩负着更大风险,投入精力多、工作时间长、收益不稳定,还需要面对顾客、雇员、供应商等多种类型的商业伙伴。

2. 评估自身素质

创业者的性格、技能和个人素质是创业成败与否的关键,在了解自主创业的优势和劣势之后,创业者需要对个人性格和能力进行测评,包括投入程度、创业动机、个人信誉、身体状况、冒险精神、决断力等。将测评结果作为参考,判断自己是否具备自主创业所需的基本能力和潜力,做好自主创业的准备。

面对自主创业,创业者首先应当摆正心态,做到主动积极、平和乐观、不断学习,摒弃斗争色彩、艰苦意识和人性本恶的假设,带着爱与希望,自然地接受新生事物,把艰苦岁月视为人生的修炼,带着快乐的心情面对创业过程中可能出现的各种问题,坚信办法总比困难多、任何事情都有积极的一面,享受岁月的艰辛,也享受每一次微小成功带来的愉悦感;当然,很多创业成功人士在创业初期并不具备自主创业所需的所有素质和能力,要学会结合自身存在问题进行深入分析,调整心态、克服弱点、提升素养、锻炼能力。

3. 设计创业构想

在充分了解自主创业、对个人素质完成评估后,创业者应当制订合理而又周密的创业构想。

找到一个好问题是创业构想的第一步,创业者一般可从自己熟悉的或喜欢的事物出发,通过在生活、工作中主动寻找或通过倾听他人的抱怨发现不尽如人意的问题;运用设计思维获得客户思路,对问题重新定义,确定目标市场、目标用户及市场规模,开展市场调研、用户及竞争对手分析；设计出产品或服务原型方案，寻找天使用户，经过不断测试和迭代后得到问题解决方案；通过明确为顾客创造什么价值、企业价值来源以及建立企业到顾客之间的价值传递渠道来确定企业的商业模式，通过绘制商业模式画布让商业模式更加清晰，有助于企业明确价值发现、价值生产和价值占有的全过程，梳理并整合创业资源。

4. 整合创业资源

创业资源是指企业在创造价值过程中投入和使用的特定资源，是新创企业创立和运营的必要条件，表现为创业人才、创业资本、创业机会、创业技术和创业管理等形式。

资源整合是企业经营管理的日常行为，也是战略调整的手段。创业资源整合指创业者通过对不同来源、不同层次、不同结构、不同内容的创业资源进行识别与选择、汲取与配置、激活和有机融合，使其具有较强的柔性、条理性、系统性和价值性，以达优化资源配置、获得整体最优的战略目标。

2.2.3 大学生自主创业

1. 大学生自主创业的特点

根据2020—2021年麦可思研究院的《中国大学生就业报告》中的统计数据分析，大学生自主创业有以下特点。

（1）创业能力不足导致自主创业率持续走低。2020年，为缓解就业总量压力，国内研究生及专升本共计扩招40余万，毕业生受雇工作率及自主创业率均相应下降。纵观2015—2020届毕业生半年后去向，大学生升学深造比例持续上升，本科生国内外读研比例由15.6%上升至18.0%、高职生读本科比例由4.7%上升至15.0%，毕业生自主创业率则持续走低，本科生由2.1%下降至1.3%，高职生由3.9%下降至2.8%。同时，根据对自主创业毕业生进一步跟踪发现，自主创业人群在毕业三年内仍坚持创业的比例，本科生从2014届的46.9%下降至2017届的43.4%，高职生从2015届的44.7%下降至2017届的41.0%。除创业环境、行业竞争、融资渠道单一且不顺畅等外部因素外，毕业生创业能力不足、缺乏企业管理与市场推广经验是成员群体面临的主要困难。

（2）教育业成为毕业生自主创业主要领域。近年来，在各路资本加持和推动下，线下线上教育培训类公司狂飙突进，社会对从教人员的需求逐年提升，包括教辅机构兼职、家教、自行创办教辅机构在内的多种教育辅导服务领域从业形式吸引了大量自主创业的本科应届毕业生，在线教育等新兴领域的发展也为毕业生提供了广阔舞台，特别是在2020年，在"停课不停学"的政策扶持下，在线教育市场规模达4 858亿元，较上年增速上升至20.2%。除此之外，本科毕业生在文化、体育和娱乐业以及零售业的比例相对较高。高职毕业生毕业半年和毕业三年内自主创业的主要行业基本一致，依次在零售业、教育业、住宿餐饮业、文体娱乐业和建筑行业占有较大比例。

（3）自主创业人群收入及就业满意度较高。从2015—2020届大学生毕业半年后的月收入来看，自主创业人群月收入持续高于平均水平，而且从业幸福感较强。2020届自主创业本科毕业生平均月收入6 326元，就业满意度为78%，自主创业高职毕业生平均月收入5 126元，就业满意度为79%，均明显高于本科毕业生5 471元、71%及高职毕业生4 253元、69%的平均水平。并且，毕业之后创业人群的薪资优势也进一步扩大。以2014届本科毕业生为例，毕业半年后、三年后及五年后平均月收入分别为3 773、7 045、9 841元，自主创业人群则达4 895、11 354、16 328元。

（4）机会型创业远远大于生存型创业。从创业动机来看，不管是本科生还是高职生，将创业奉为理想的创业者占比最高，持有好的创业项目、收入可观及受他人邀请加入创业看法的也不在少数，只有不超过20%的创业者由于找不到合适工作等生存型原因而创业。

2. 大学生自主创业建议

（1）塑造创业型人格。创业的过程无疑是艰辛的，大学生要踏上自主创业之路，应有意识地塑造自己的创业型人格，提升创业者素质，以应对创业路上的不确定性和困难。塑造创业型人格，首先要拥有乐观向上的心态和坚忍不拔的意志，对新生事物有强烈的好奇心，乐于追求新的体验；其次要擅长处理风险，将风险看作动力的来源，并且能很好地管理自己的焦虑感；最后要树立自信、自强、自主、自立的意识，拥有独立思维能力、富于进取精神。

（2）丰富创业知识储备。工欲善其事必先利其器，踏上自主创业之路之前，创业者应加强学习，丰富创业知识储备。在"大众创业、万众创新"的时代背景下，政府、高校、社会机构等开发了众多创业教育学习资源，大学生具备专业背景，又可依托学校及相关单位资源，在知识获取方面具有得天独厚的优势。首先，树立终身学习的观念。大学生要以获取知识为荣，认识到学习是适应社会发展和实现个体发展的需要，养成主动学习的习惯。其次，学好专业知识。大学生创业者相较于其他创业者的优势，就在于较高的综合素质和系统的专业背景，这并不意味着大学生一定要围绕专业知识创业，在学校中学的知识以及获取的成员、关系等各种资源都可作为独特优势运用于创业之中。最后，将知识转化成能力。成功的创业者既要懂经营，又要善管理，既要能协调处理各方面的关系，又要当机立断，临危不乱，既要能言善辩，又要能谈判公关，既要能开拓创新，又要不怕挫折。大学生应当广为涉猎，充分利用学校课程资源，丰富自身创业知识储备，并将创业知识转化为创业所需的技能，不断夯实和提高自身的创业能力。

（3）积极投身创业实践。创业教育实践环节是积累创业经验，培养创业能力的有效途径，大学生在校期间要积极参与创业实践活动，以接触社会、了解市场，既可为自主创业积累经验，又培养了大学生的分析和解决问题、组织协调、语言表达等多种能力，如申报大学生创新创业训练计划项目、参加"互联网+"大学生创新创业大赛等创新创业比赛、参与社团组织活动、创业见习、兼职打工、求职体验、市场和社会调查等。

（4）做好创业规划。创业是一个复杂而长期的过程，大学生在自主创业之前要对自身情况及项目情况等有一个全面客观清醒的认识，不要把一时冲动当成创业激情，也不要过于谨慎而错过了创业时机。对自主创业进行清晰合理的定位，对项目进行 SWOT 分析，写出详细的创业计划书，向老师和相关专家请教，进行科学论证，还要持续关注国家相关的创业扶持政策，加强财务管理，完善自身诚信体系建设，科学规划，合理控制风险。

思考题

1. 简述岗位创业者、自主创业者和一般管理者的区别。
2. 岗位创业者应具备什么素养？
3. 简述改革开放以来的历次自主创业浪潮。
4. 简述大学生自主创业的特点。

实现服务大众的 AI——彩云天气袁行远的创业自述

第 3 章　设计思维

学习目标

1. 了解设计思维的发展历史；
2. 熟悉设计思维的核心思想；
3. 掌握设计思维的流程；
4. 了解产生创意的三种驱动模式。

案例导入

中国创造，世界未来

一块超薄触板数字贴膜让笔记本触摸板变成了九宫格数字小键盘，连扎克伯格都在使用。凭借 Nums 超薄智能键盘，拉酷科技创始人兼 CEO 龚华超让世界看到了中国青年的创造力。

一、以中国原创立足世界

2011 年，就读于南京理工大学机械学院的龚华超使用苹果笔记本电脑时，由于自己非常不适应没有 9 宫格的数字小键盘，就想要改变触控板这一设计。经过三个月的不断努力，龚华超终于通过智能算法把笔记本电脑的触摸板变成数字键盘。2011 年底，龚华超设计的触板数字贴膜，获得了德国红点设计奖的至尊奖，26 岁的他已拿到了设计界最高含金量大奖的大满贯。龚华超的初心是"改变世界对中国的偏见"，他的目标是以中国原创的科技与设计做一家让世人尊敬的公司。

二、以正向变革投身创业

2014 年，由龚华超带领的清华计算机与设计硕博团队创立拉酷网络科技公司。在龚华超看来，未来网络会发展成为更为广泛的连接，将更多的资源和信息、用户需求、体验与用户更好地链接，利用网络科技，做原创的、带有设计的极致科技创新。拉酷的起点始于 Nums 超薄智能键盘，如今的 Nums 系列产品和技术全球独创，有 40 多项国际国内知识产权，除苹果外还和联想、戴尔等公司建立了深入的合作，在全球拥有二十一万用户。"我们希望通过设计打造出一些能真切反映我们价值观的产品，并通过高质量的产品吸引大众的关注，从而传播正向价值。"龚华超对记者表示。在龚华超看来，产品和服务能带动社会的正向变革。

三、以社会责任推动创新

2020 年，拉酷研发出"泡腾片泡沫洗手机"。同年在宝马集团 NEXTGen2040 大赛中，龚华超团队设计的面向 2040 年城市形态的交通系统夺得了这项大赛的全球总冠军，龚华超还关注大部分设计者忽略掉的设计盲区,让设计能够服务于弱势群体。针对唐氏综合征儿童的特征,龚华超设计出一套独特的训练装置,其人性化创新让患儿康复过程更舒适。

龚华超指出,公益的设计有极高的挑战性,设计者一方面不能被商业导向牵住鼻子,同时需要始终保持极高的同理心。公益产品与其代表的少数群体密不可分,通过产品的宣传和公益理念的推广,社会对特定少数群体的关注度能够得到显著提升,更多的设计者也会因此聚焦少数群体的需求,形成良性循环。

四、以设计思维创造价值

"中国创造,世界未来"是龚华超的创业初心。拉酷公司希望打造"简约实用"的中国原创产品,为用户创造价值,影响世界。从设计思维的角度出发,连接更深层次的文化诉求,解决实际问题,带来社会、商业的双赢局面。如今,拉酷公司已经完成五轮融资,拥有50余项国内外专利与知识产权,并持续推出了多项兼备核心技术、用户体验及设计美感的创新产品。

在未来几年,拉酷公司将致力于在教育领域、办公领域开发一系列创新产品,并通过大数据去挖掘用户的深层需求,设计出更方便人们生活的产品。同时,对已有的产品进行更精细化地改造,从而降低厂商的成本以及用户的成本,提高社会整体效率。

(案例资料来源:http://tech.ynet.com/2021/04/14/3232600t3264.html)

【思考题】

1. 拉酷科技的产品解决了哪些实际问题?

2. 拉酷科技的企业定位是以设计思维角度出发,解决实际问题。根据案例内容,你对设计思维有哪些直观理解呢?

3.1 设计思维概述

想要创业,却不知道做什么项目,这是很多创业者面临的现实难题。产生创意,是创业活动的关键环节。很多人觉得,只有创造力才能产生创意,但实际上,仅靠创造力不足以形成好的创意,作为创业者还需要考虑创意在商业上的可行性。另外,创意产生的背后需要长期的观察、共情等工作,经过长期研究探索,已经证明创意的思维过程可以提炼出关键点,可以为创业需要产生的创意提供可借鉴的思维方式和操作方法。设计思维就是解决创意挑战的一种方式,也是能令创业者的产品从愿景变为现实的方法。

3.1.1 设计思维概念的历史发展

1. 参与式设计

设计思维诞生于20世纪50年代,最初启蒙的概念是"参与式设计"。这个概念最早以"参与性方法论"大量存在于城市规划领域。后来随着设计领域的发展,将这些方法论重新定义为"参与式设计"。随着科技的发展,这一思维被运用于技术性领域,比如将终端用户整合到设计中来,去测试一些模型,可用性成了核心,最后拓展至设计领域。随着设计思维的不断发展,参与的形式越来越多,不同的设计细分领域也在尝试着一些参与式设计与共创设计。在这一阶段,设计思维被视为一种科学。

2. 用户体验设计

到了20世纪80年代末期,《设计心理学》(The Design of Everyday Things)作者唐·诺曼(Don Norman)重新定义了参与式设计,让它更少偏向于"可用性",更多偏向于用户的兴趣与需求。相较于参与式设计,用户体验设计以更人性化的方式让用户参与产品或系统的构建。在这一阶段,设计思维融合了认知心理学,在认知反馈中不断探索。

3. 设计思维

1969年,赫布·西蒙(Herbert Simon)在出版的《人工科学》(The Sciences of the Artificial)一书中,将设计作为一种"思维方式"的观念提出,提出了设计的七个步骤,他认为设计的一切都应该被视作是人为而不是自然的。

1987年,哈佛设计学院院长彼得·罗(Peter Rowe)出版《设计思维》一书,首次使用"设计思维"这个概念,这个术语从此被正式采用,它为设计师和城市规划者提供了实用的解决程序问题的系统依据。

1991年,大卫·凯利(David Kelley)创立IDEO公司,以设计思维作为其核心思想,并贯彻落实在工作当中,成功实现商业化。

2005年,大卫·凯利在斯坦福大学工程学院成立了斯坦福大学哈索·普兰特纳设计研究院(The Hasso Plattner Institute of Design at Stanford,简称D.School),目标是培养复合型、以人为本的创新设计师,而不是仅关注设计新产品,研究所人员由跨学科跨行业人员组成。D.School的课程向斯坦福大学所有研究生开放,强调跨院系的合作,宗旨是以设计思维广度来加深各个专业学位教育深度。

回溯历史,设计思维的概念是在已有的概念上发展起来的,最早发源于设计界,斯坦福大学设计学院把其归纳为一套科学方法论后,拓展了适用性,现已被各行各业广泛借鉴。

3.1.2 设计思维定义

1. 设计思维是一种创新方法和思维方式

经过几十年的演化,设计思维已应用在不同领域,各领域对设计思维的定义也给出不同答案,最常见的定义包括:

(1)一个持续迭代的过程;

(2)一种理解和创造性地解决所有棘手问题的"特殊方法";

(3)获取用户同理心;

(4)一套做用户研究和激发团队创造力的工具箱,一种协作工具,一套观念;

(5)原型制作;

(6)一种创新文化。

这些定义表明,理解和实践设计思维的方式在不同领域有着不同的理解。综合各种不同定义,本书将设计思维看作是以人为本、采取同理心进行设计的一种创新思维方法和创新模式。它强调的是从用户的痛点或者需求出发,发现需要创新的机会或者挑战,提出解决问题的多种创意方案,快速设计原型,再进行迭代测试的一套流程和方法。

2. 设计思维的核心原则

设计思维的思考模式和核心原则包括以人为本,关注新的机会与可能性,利用群体智力去发现问题、分析问题并解决问题,除了动脑思考解决方案外,也强调动手思考,在反复迭代中快速对问题与解决方案进行学习与改进。个人和团队都可以用设计思维创造出突破性想法,在真实世界中实现这些想法并使它发挥作用。

3.2 设计思维流程

基于赫布·西蒙的设计七步骤原理的设计思维流程有很多种模型,无论哪种模型,都包含了通过搜集资料分析问题、通过观察用户发现用户潜在需要、通过调查挖掘用户真实需求、通过各种思维方法提出创意方案、通过创意做出产品原型,再通过用户测试不断迭代,最终在商业、用户、技术方法之间寻找最佳解决方案。

本书的第3~5章将按照斯坦福大学D.School的五阶段模型(建立共情、问题定义、构思创意、原型设计、产品测试)展开论述,如图3-1所示。本章内容涉及建立共情、问题定义、构思创意三阶段。

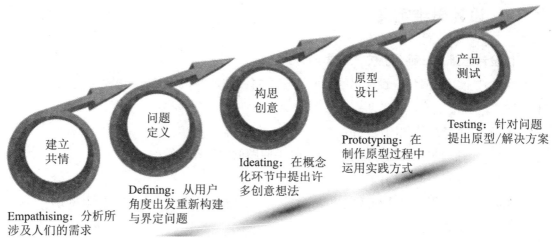

图 3-1 斯坦福大学 D.School 五阶段模型

3.2.1 建立共情

通过设计思维产生好的产品创意一定建立在"人"的基础上,设计思维由设计创造产品转变为分析人与产品的关系,进而演化为分析人与人之间的关系。

1. 理解

对真实问题的多角度、多层面、多维度理解能让人突破思维局限,防止一开始就将解决问题的思路聚焦在单纯的产品上。设计思维提醒创业者在处理创意产品时不要急于展开具体操作,而是先问"为什么",后问"怎么做"。"为什么"是关于产品意义的,将创业者导向更深入的思考,把问题的应对提升至更抽象的价值层面。而"怎么做"是关于方法的,把问题推进至行动和实践层面。

2. 资料收集

资料收集是创意产生的准备和重要积累,收集足够的相关资料为创意的产生提供了必要条件和充分保证。资料收集首先要知道创意产品的设计范围,比如在哪方面进行创新设计,是产品设计、商业模式、流程探索还是某个项目的创新方案。资料收集的过程也是对创意产品背景进行调研了解的过程,从创意产品的用户角度出发,调研相关产品应用现状和存在的问题,并对这些现状和问题的背景做充分的理解。

5W1H 是资料收集时常用的调研框架。

Who——关于目标群体的信息,包括年龄、性别、数量、兴趣爱好等。

What——明晰预期目标的解决方案形式或解决问题的途径。比如,目标是一件创新产品还是改善服务、是开发软件还是修改工作流程、是变革组织架构还是重建企业文化等。

When——通过搜集之前的研究成果和收集已有案例,明确用户在何时、用多长时间、多高使用频率需要类似的解决方案。

Where——确定在什么具体的地方或场景下,用户需要类似的解决方案。

Why——了解用户为什么需要这个方案而不是其他的解决方案。

How——分析解决方案具体如何实现,需要采取哪些步骤,需要多少人、财、物以及其他资源等。

3. 观察

观察是设计思维的关键来源之一,是发现用户、发现需求的关键步骤。资料搜集过程中得到的定量数据,只能被告知已有的东西,只会带来概念化、类型化的认知,而创意产生的切入点是走进世界、走进人群,去观察人们的生活和经历。设计思维的观察不仅限于调查问卷,更主张进入情境、和具体的"人"接触,通过倾听、观察、询问去了解一个人,并获得切身体验。

通常可以采用换位思考、访谈等方法进行观察。

1)换位思考

了解一个人最好的方法,就是成为那个人。换位思考让人们得以亲身体验对象的处境,用感同身受代替主观臆测。这种思考,比先入为主的"我以为",要更深刻。站在对方角度考虑问题,通过别人的眼睛与心灵理解世界,是通向观察的桥梁。

换位思考拓展阅读:我来自月球

荣格医生曾经遇到过一个女病人,她认为自己是从月球来的人,并一心想回到月球上去。许多心理医生试图通过纠正她的妄想来进行治疗,但无一例外都失败了。荣格医生却采用了另一种治疗方法,他没有像其他心理医生一样试图纠正她的妄想观念,而是饶有兴致地听着她描述月亮上的种种生活场景,然后,推心置腹地告诉她:月亮虽然很美,但你已经不可能回去了,所以还是安心老实地当个地球人吧……最后,此女病人欣然接受了荣格的劝导,乖乖回家相夫教子,心理问题从此再没复发过。

这个故事告诉我们——我们得先成为一个月球人才能帮助另一个月球人。这种同理心和代入感,是解决"以人为中心"的基本特质。

资料来源:https://zhuanlan.zhihu.com/p/47280374

---

2)访谈

如果创意问题的用户范围比较大,可以在确定了相关对象后进行访谈,通过对话挖掘用户需求。访谈看似容易,但是也需要进行训练,如怎样与访谈对象建立信任、如何让对方说出真实感受、如何听懂对方的画外音捕捉对方真实需求等。访谈的基本步骤如下:

(1)开场,说明访谈目的。根据不同场景明确不同访谈目的,让受访者打消疑虑,产生信任。

（2）破冰，建立访谈关系。打破采访者和受访者的隔阂，找到可以切入的话题，建立轻松信任的访谈关系，尤其要让受访者感到安全。生活化的提问是开始聊天的最好方式。

（3）提问，采用开放问题。封闭问题一般只能获得肯定和否定两种答案，采用开放式提问才能获得尽可能多的信息引出各种可能性。例如：

封闭式问题：你觉得这款游戏好玩吗？

开放式问题：你觉得某某游戏哪些地方吸引你？

此外，访谈都要避免提出不着边际的问题和有倾向性的问题，也要避免让模糊问题清晰化。

（4）深入，进行纵深挖掘。一次问一个问题，尽可能深入挖掘，多追问几个"为什么"，追问要重视质量而不是数量。遇到一些敏感、隐私性话题，受访者可能不会说出最真实的情况和感受，可以另找角度，从侧面了解，以免受访者产生防备，不利于访谈的继续。

在面对面的访谈中，要注意非语言的信息，比如身体语言、情绪变化等。在访谈过程中，采访者要尽量避免插嘴，积极倾听。

3.2.2 问题定义

爱因斯坦曾说："如果只给我一个小时拯救地球，我会花 59 分钟找准核心问题，然后用 1 分钟解决它。"

在建立共情之后，我们对创意产品已经充分地了解，可以将所有的信息加以抽象整理，要综合分析与处理观察结果，以界定目前为止所鉴别的核心问题，从而获得有价值的创意目标。也就是说，在此阶段，要让问题更明晰、更聚焦，要找到问题的解决方案和基本思路。

设法用问题陈述的形式去界定问题，并做到以人为本。设计思维提供了一系列支持综合整理的工具和方法，让创意者整理前期收集的大量信息，缩小研究范围，对用户需求加以分析和提炼，并确立进一步的创新方向。本节提供一个具体方法，即设计思维中的用户要点聚焦（point of view，POV）。具体的工作是要打磨出一段内容明确、操作性很强的任务描述。

将前期搜集的资料和观察的用户需求进行重新整理，作重新表述，按照创业者的意愿或要求来重新定义创意问题。比如："我们需要将年轻女孩的食品市场份额提高5%。"更好的定义方式是，"十几岁的女孩需要摄入有营养的食物，才能保证健康茁壮成长"。具体制定 POV 的方法如表 3-1 所示。

表 3-1 制定 POV

方　　法	POV 句子 / 填写空白部分
我们可以如何	比如：我们可以如何帮助用户达成某个目标 或者：对用户来说，达成某个目标有多少种方法 示例：我们可以如何帮助爱美的女性在忙碌工作的时候快速获取营养水果
标准 POV	比如：什么样的用户，他们需要（动词），因为（具体描述）对他们很重要 或者：为了（需求满足），（谁）想要（什么），因为（动机） 示例：一名少女需要方便获取的营养水果，因为对她来说忙碌的工作之余，维生素对皮肤保养更重要 或者：为了在忙碌的工作之余保证皮肤红润有光泽，一名面黄多斑的职业女性想要可以方便获取的营养水果，因为对她来说保持良好的外貌让自己更加自信、获得跟多人亲近非常重要

3.2.3 构思创意

在构思创意环节，需要结合建立共情阶段获得的灵感，围绕在问题定义阶段得出的核心判断，通过特定的创意流程，在短时间内相互激发，输出各种各样的解决方案。在实际操作领域，有很多创新方法和设计思维工具作为解决问题的手段，渗透在设计思维流程的各个阶段。本节以头脑风暴和思维导图为例进行介绍，其他创新思维方法和设计思维工具，可以参考其他资料。

1. 头脑风暴

在设计最初的阶段，创意是廉价的。不要吝啬自己的想法，大量输出、大胆抛弃，想象创意是一个漏斗，在大量过滤一般的想法后，留下来的，会是更加接近成功的创意。

所谓"头脑风暴"，要求参与者尽可能多地写下脑海中和研讨主题有关的一闪而过的创意点子，不拒绝任何疯狂的想法，然后再将大家的见解重新分类整理。在整个过程中，无论提出的意见和见解多么可笑、荒谬，其他人都不得打断和批评，从而产生很多的新观点和问题解决方法。

（1）选定一个主持人：利用白板、黑板或者一张大的白纸，主持人在上面写下全部人的创意，主持人可以将每个人的创意进行分类排列。主持人是头脑风暴过程的主导者，任何有耐心、激情的人都能胜任这个工作。

（2）界定主题：专注于具体的主题，让头脑风暴更有效地进行。例如，"为厨房设计新产品"这个主题是模糊的，而"人在厨房会遇到的问题"则更能激发参与者去思考每天在厨房会遇到的麻烦。把主题打散后再继续深入各个分支，如做饭、清洁、收纳等话题。

（3）穷尽：把全部东西都写下来。团队中的每个人应该感到轻松，写下团队成员提出的全部想法，不审查对错。接着，把各个想法简单连线，看看会迸发出什么新奇的东西。

（4）设置时间：人在有时间限制下的状态更有创造力。有一句话非常流行：Deadline 是第一生产力。设置一定时长让成员心理有个衡量标准和目标，具有激发作用。

（5）跟踪：把创意分类并为各个成员分配任务，复盘并继续对某个方向进行深入调研。复盘是非常重要的一步，许多头脑风暴会议后就忘记之前的讨论，很多细小的创意就在这时流失，非常可惜。

2. 思维导图

思维导图也称为辐射思考。简单说，思维导图可以是头脑风暴的视觉化，也是思维调研的一种形式，一张美观易读的思维导图可以让人更快去探索研究问题的各个方向、主题领域和创意概念。手绘、便签、图形、文字、照片等都可以是制作思维导图的视觉手段。

如何创造出一张思维导图呢？

（1）专注：把核心的元素写在版面的正中间。

（2）拓展：延展出与核心相关的元素或图像，可以用文字或者简单图像。

（3）组织：思维导图中的主要分支代表了头脑风暴的目录作用，可以尝试用不同的颜色或者字体来区分每一个分支内容。

（4）细分：每一个分支可以发展出次级目录，快速写下头脑中的全部想法来放空思维。把每个分支的词汇或图像随意搭配，可以寻找出独特的创意。

比如：做一个校园文化产品的用户需求思维导图，如图 3-2 所示。

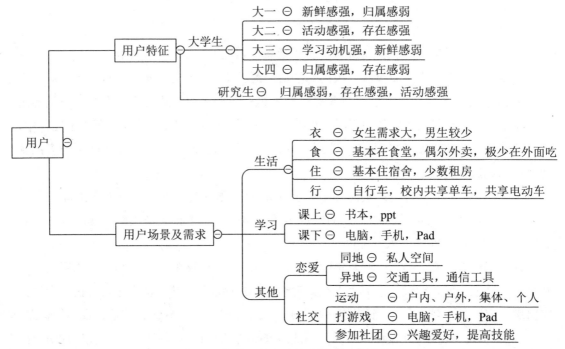

图 3-2　校园文化产品用户需求思维导图

设计思维产生创意的流程，可以根据原始的流程按照自己的需要逐步优化。流程不是刻板的规矩，而是一套能帮助思考的工具，要学会灵活运用。

3.3 创意类型

创业者需要考虑产品创意在商业上的可行性，这种可行性的考虑驱动着各类创意产品更好地商业化。

3.3.1 市场驱动型

经济社会环境的变化使得市场需求、市场结构必然发生变化，这种变化来自于产业结构变动、消费结构升级、城市化加速、人口思想观念和人口结构变化、政府政策变化、居民收入水平提高等。市场驱动型创意就是通过定义新目标市场产生创意。

市场驱动型创意拓展阅读：富士胶片的转型

富士胶片早在20世纪80年代数码相机刚刚推出时，就意识到了IT时代和数字化技术是一定会到来的。在市场危机意识的驱动下，一方面富士胶片自主开发数字化技术，另一方面强化现有相片胶卷的核心技术开拓新业务。

2011年，富士胶片推出病毒诊断系统，这一系统利用照片显影工序中所采用的独家银盐放大技术，使得即使是在流感病毒数量极微少的发病初期也能够检测出病毒。基于这套诊断系统，富士胶片于2015年2月与法国传染病、微生物学领域最先进的公共研究机构签订了关于埃博拉病毒出血热快速诊断系统的共同研究合同。

富士胶片在事业转型中，将70年来积蓄的胶原蛋白技术、纳米分散技术、抗氧化技术应用于艾诗缇系列化妆品。2007年ASTALIFT艾诗缇诞生伊始，以卓越的抗衰老及内外兼修护理风靡日本，深受广大女性的喜爱，目前在全世界拥有众多粉丝。

可见，病毒诊断系统和化妆品技术应用的创新都属于富士胶片在医疗健康领域的突破。目前医疗健康领域市场前景广阔，该领域业务已经成为富士胶片重要的收入增长业务，并且成为其六大业务领域中最重要的一块。富士胶片活下来了，而且活得很好，但是没有做好转型的柯达却在2013年破产了。

3.3.2 技术驱动型

技术驱动型创意的核心，不是指采用了什么高精尖的技术，而是为客户交付价值。简单来讲，客户愿意为技术买单，用户因为技术让生活变得美好。技术驱动的创意产品能够以创新的技术手段完成产品设计、开发、管理、质量控制、分发、维护和售后服务。技术驱动的创意产品需要创造者理解什么叫工程化、工业化、流程化，会进行跨行业的学习。发现不变的需求，通过科技创新产生创意，用创新的方式解决，提供出新产品、新服务，就是技术驱动型的创意。

比如，Google 起家靠的是搜索引擎和 PageRank 算法。而其发展壮大，则靠的是工程师的产品文化，即思考："如果邮箱是现在开发的话，该是什么样"，于是便有了 Gmail、Google 地球和 Google 气球。Google 强调的技术驱动绝非将代码写到极致，写到完美，而是强调"用技术的视野驱动自己为用户交付有价值的产品"。

3.3.3 模式驱动型

模式是个范围广泛的概念，它标志着对象之间隐藏的规律关系，强调形式上的规律，而非实质上的规律。各个领域均有自己的固定模式，但任何模式都是在不断发展和创新的。

搭建一个模式就是构建一个系统：目标、要素和连接。模式驱动的创意产品就是从商业模式、盈利模式等方面寻找机会。创业项目的目标不同，核心要素就会不同，采用不同的模式，得到的结果也不同。

1. 客户驱动的创意

基于客户需求、降低获取成本或提高便利性。比如电子发票，只需几分钟客户就能收到，比传统的纸质发票快捷并且安全。

2. 资源驱动的创意

创意集中在核心资源或者重要合作伙伴的拓展。比如阿里巴巴需要为自家平台提供服务器，拓展阿里云业务，就是围绕服务器资源的创意产品。

3. 产品/服务驱动的创意

以建立新的价值主张产生创意。京东通过自建仓储物流，在很多城市提供了 11 点前下单，当天就能送达的服务，这就是主打快捷的价值主张。

4. 财务驱动的创意

财务驱动创意是由收入来源、定价机制或成本结构来驱动的，同样可以影响商业模式中的其他板块。比如乐视超级电视，低价卖硬件、绑定卖会员，改变了传统的靠卖硬件赚钱的方式，就是通过定价机制产生创意产品。

在现实中，上述的每一种驱动类型都可以综合使用，去驱动创意产品的商业模式创新。

思考题

1. 简述设计思维发展历史。
2. 试述设计思维的核心思想和流程。
3. 简述产生创意的三种驱动模式。

扩展阅读

Keep，自律能赚钱吗？

即测即练

微课视频

第 4 章 挖掘商业机会

学习目标

1. 理解什么是商业机会，对商业机会有正确的把握和认知；
2. 掌握作为商业机会挖掘的市场细分策略，具备市场细分思维；
3. 熟悉和掌握作为商业机会具体化工具的用户画像的定义和创建步骤；
4. 理解估算市场规模的原理和常用方法。

案例导入

大学生李腾飞和他的中域教育

扩展阅读

去山区支教是种怎样的体验

在职业教育培训行业，提起中域教育，几乎无人不知无人不晓，特别是在医师资格考试、医师考研培训方面，中域的影响力与公务员考试培训教育领域的中公教育地位相当。创办于2006年的中域教育致力于提高中国医生的执业能力，截至2021年，中域教育分校遍布全国260个地级市，培训学员数十万名。中域教育这艘职业培训超级航母的掌舵人李腾飞，是一个从大学时代就开始创业的终身创业者，而中域教育则是他大学时代的创业作品。

一、支教活动中发现创业机会

创业需要大胆，是指一旦发现机会要"稳准狠"；创业需要谨慎，则提醒人们创业事关生死不能蛮干。李腾飞在大一就策划并发起创建了山东科技大学"星火支教"协会，并奔赴河南省洛阳市宜阳县上官乡，在上官乡小学支教15天，传播新鲜事物、进步思想、有用知识，捐赠了不少募集的学习用品、图书衣物，成绩斐然。之后他意识到教育是刚需，并且经过市场调查发现韩语和日语人才的需求旺盛，韩语、日语教育培训机会更好，于是致力于教育领域创业。

二、切入医师资格考试蓝海

对于创业者而言，能否准确细分市场发现未被有效满足的需求，抢抓机遇进入蓝海关系创业的成败。2006年底，李腾飞关注到医师资格考试和医生考研市场。随着经济不断发展，人民生活水平日益提高，对医疗健康的需求庞大，这就决定了对执业医师的需求会稳定增长。在瞄准了这一市场之后，李腾飞进行了深入的市场调查，摸准了医师资格考试培训机构学员的痛点后切入市场。在大二期间，李腾飞注册成立中域教育，专注于医师资格考试培训。中域教育不断细分职业教育培训市场，在其主攻的医师资格考试培训领域深耕细作，在市场内部继续细分。

针对当时市场痛点，李腾飞从师资和服务两个关键点入手。他联系全国知名、有多年辅导培训经验和出题经历的老师，直击考点，并在课下做好服务，及时督促学员。师资和服务的组合拳打完，中域迎来了开门红，在2007年医师资格考试中，中域学员通过率高达92.6%。李腾飞的付出得到了回报，不仅在医考市场立足，也获得了较大收益，大二的他当年净赚近80万，一些媒体相继报道了其创业事迹，这些报道不仅分享了李腾飞的成功，更赞扬了其成功的经验——服务至上，诚信用心。同年，他也凭此跻身"胡润青年百富榜"。

三、创业成功回报社会

取之于民，用之于民，创业者深情扎根于创业热土。创业的终极目的是回报生于斯长于斯的热土，从创业之前的支教开始，在这一点上，李腾飞和他的中域教育牢记初心，一以贯之。

曹德旺谈社会责任：像蜡烛一样一直烧到最后一滴

2009年8月，为甘肃某县医院捐助约8万元的医疗设备，并资助当地特困户，为他们送去衣物；2010年3月，为山东德州某乡卫生所捐助价值3万元的医疗设备；同年8月，组织倡导中域学员12人，组成医疗小组，定期去偏远地区进行免费医疗救助、身体检查，近百个地区留下了李腾飞爱心的足迹；2012年9月，中域教育集团推出"百万助学援助"行动，设立专项援助资金，投入专门基金和人力，承担起知名教育品牌的社会责任；2017年11月，李腾飞回访母校山东科技大学，出资100万元设立"裔"基金用于山东科技大学大学生帮扶救助。

4.1 市场细分

市场细分是挖掘商业机会的有效策略。在详细介绍市场细分策略之前，有必要对商业机会的含义作简单梳理。

4.1.1 商业机会的概念

1. 商业机会的"发现说"和"创造说"

对于商业机会的认识存在两种普遍的观点，既发现说和创造说。按照行为学派的观点，挖掘商业机会是指创业者在与外部环境（机会来源）互动的过程中，利用各种渠道和方式获取并掌握环境变化的信息，从而发现市场上已有产品、服务存在的缺陷，发现消费者之间存在的差异。商业机会并不是偶然被发现的，而是建立在创业者的经验、认知水平、社会关系网络和创造性的基础之上。显然，行为学派相信机会是客观的。另有一派的观点认为，创业机会本质上是一种满足需求方式的手段，机会是可以创造的，是满足顾客需求的方式和手段。这一派的观点更强调机会的主观特质，甚至带有一点玄学色彩。按照这一派观点，颠覆性的商业机会来源于创业者的创造性，即主观能动性。一般来说，基于即时需求和显性需求的创业机会，往往需要通过观察而被发现；而基于潜在需求和隐性需求的创业机会，则需要通过创业者的主观思维构建出来。如果我们把金庸小说中历尽千辛万苦求得武林秘籍的岳不群视为发现派，那么无意成为大师但在机缘巧合中练就盖世神功的虚竹则属于创造派。

2. 市场机会、创业机会和商业机会辨析

市场机会、创业机会和商业机会存在差异，三者之间不能简单混用，对三者之间含义的比较将帮助创业者解决相应的疑惑。市场机会是指市场上所存在的尚未满足或尚未完全满足的需求。不难看出，市场机会是一个全域性概念，它涵盖了所有显性或潜在的经由市场方式可以利用的可能性，是基于需求者的角度来描述机会，也就是说市场机会是由需求方产生或者提供，具有十足的客体性特征。对于创业机会的理解则需要引入创业主体，按照汪良军等人的认识，创业活动是指具有企业家精神的主体与市场机会之间动态匹配关系的体现，此时创业机会被视为一种主客体互动的结果。从异质性的企业家角度，创业机会是市场机会的具体呈现，是具体的、个别的。在现实中存在着一系列客观的市场机会或潜在的机会，但是机会从来都是一种创造租金的可能性，离开了异质性的企业家资源对它认识与利用，它的价值是体现不出来的。商业机会则更进一步，不仅要求主客体的互动，更强调这种互动所带来的收益。冯建就认为，"商业机会不同于一般的商业信息。它的判断必须要包含着：需求存在与否、能否满足这种需求和能不能带来效益三个方面。而并非像商业或市场信息那样仅仅是存在了某种需求的可能而已。"商业机会的功能，是要完成"从商品到货币的惊险一跳"。

3. 准确理解商业机会

总结而言，市场机会是一种可能性，创业机会是企业家与市场机会的结合，商业机会则明确提出收益变现的具体路径。对市场机会、创业机会和商业机会的异同的认识，可以更好地指导大学生创业实践。从以往的经验来看，很大一部分大学生创业者甚至包括社会创业者，简单地将市场机会，如一条商业信息，或者一个所谓的点子视作商业机会，仅仅凭借一个可能性的消息就不加思考地投入创业实践，犯了冒险主义的错误。也有一部分大学生，死板地套用教科书上的商业机会概念，谨小慎微、固步不前，长久地等待着所有条件都具备之后才去实践，往往错失进入创业市场的大好机会。实际上，大学生的创业实践可基于对商业机会的深刻把握，也可以"投资"于其他创业主体和市场机会的结合，特别是注意发挥社会网络的价值和作用。边燕杰和张磊针对珠三角企业家的访谈表明，创建企业需要的商业情报、创业资金、首份订单三项资源均来自于创业者

的社会网络，并就此提出了市场——网络互动关系的模型。此项研究启发我们，大学生创业可以循序渐进的方式，首先借助自身、家族、师长等的社会网络资源，抓住创业机会快速进入创业市场，逐步接触和熟悉创业流程，最终学会发现和掌握商业机会的本领，从而进一步提出自己的商业模型，完成全链条创业。

4. 把握商业机会与大环境的关系

所有的商业机会都是特定时空条件的产物。苦苦寻找商业机会的创业者必须考虑环境因素，特别是大环境和大趋势。创业者对自身所处的环境，特别是宏观环境应该保持高度的敏感。这里所提的宏观环境，是指影响一切行业和企业的宏观因素，通常有四类：政治、经济、社会和技术。简单来说，创业行动初期，针对上述四类环境因素的分析——PEST 模型分析——是必要的。

PEST 模型分析帮助创业者确定如下问题：

（1）哪些商业机会代表着未来发展的趋势；

（2）创业项目的威胁和挑战来自何方；

（3）形成对市场规模的基本判断；

（4）发现或者创造更新的机会。

由于专业的 PEST 模型分析需要大量的数据做支撑，常常导致创业者对这项工作存在畏难情绪。其实，环境分析理应成为创业者的自觉意识，借此不断地提醒自己是在具体的现实环境中创业，而非在天马行空的想象中创业。创业者、创业项目和环境之间是共生的。创业者可以通过学习和把握执政党的基本理论、基本路线和基本方略，分析政府部门的社会统计信息，留意身边流行的文化思潮等方式在日常进行不断地环境分析训练。因为我们是社会主义国家，发展市场经济是为了推进社会主义现代化建设，促进人的自由而全面的发展，而不是仅仅为了资本家无限度积累剩余价值服务。

当然，挖掘商业机会并非"难于上青天"的事，业界已经积累了足够丰富的经验。通过一定的工具和方法，大学生创业者一样可以寻找合适的可行的商业机会。本章将从市场细分、用户画像和市场规模三个方面入手，帮助大学生创业者寻找和确定创业机会。

4.1.2 作为商业机会挖掘策略的市场细分

1. 市场细分策略的提出

庞大的人口数量意味着巨大的市场机会。根据中华人民共和国第七次全国人口普查公报数据，2020 年，中国大陆地区人口总体规模达 14.1 亿人。不过，没有一家企业会将 14 亿人看作需求完全一致的单一市场，因为这样做违背客观事实，既无必要也无可能。相反，企业家在创业的过程中，首要考虑的战略问题是承认人与人之间的差异，将人群按照需求、动机和行为模式等指标进行归类，从而进一步把市场划分成若干个小的细分市场。这种被称作市场细分的操作策略和方法，由美国学者温德尔·史密斯于1956年提出。市场细分被西方企业誉为具有创造性的新概念，是企业是否真正树立"消费者为中心"的营销观念的根本标志。美国之所以能在全球范围内率先将市场细分理念正当化，与美国在二战之后的社会和市场的发展背景密切相关。第二次世界大战结束后，美国付出了巨大战争成本但也是获利最丰的战胜方。在社会层面，婴儿潮从1946年一直延续至1964年，十八年时间内为美国带来7 800万新生人口。在市场层面，越来越多的美国人不再满足于旧的生活方式，而是希望新的和更好的产品和生活，此前由于战争而被压抑的人的差异化需求得到了释放，特别是战后出生成长起来的年轻人，消费习惯已经大大不同于他们的父母一辈。社会和市场的急速变化，导致传统的同质化的产品已经无法满足市场的需求，一些企业不能适应市场变化而走向失败，另外一些企业包括崭新的企业，为了寻求新的市场机会，改变完全以产品为中心的思考方式，开始深入消费者中间，认真了解顾客的诉求，在细微之处发现需求差异并通过营销手段满足消费者，从而取得成功。

2. 市场细分的切入点

需要、需求和价值是市场细分的基础，也是商业机会的源泉。需要是指消费者感到匮乏的状态，这种匮乏通常体现在对衣食住行的物质需要、对社会和情感归属的社会需要，以及对知识和自我表达的个人需要三个方面。这些需要是人类本能的基本组成部分，不以人的意志为转移，所有的创业者都必须正视这种匮乏的状态。美国社会心理学家、人格理论家和比较心理学家，人本主义心理学的主要发起者和理论家——亚伯拉罕·马斯洛（Abraham Harold Maslow）提出和发展了需要层次理论，他将人的需要分为生理需要、安全需要、社交需要、尊重需要、自我实现需要五个层次，如图4-1所示。

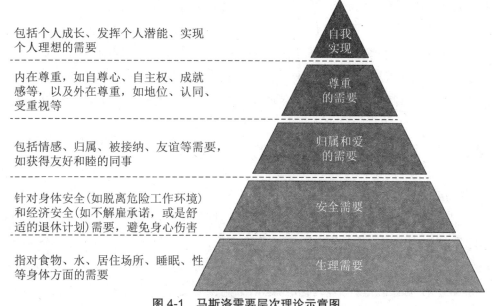

图4-1 马斯洛需要层次理论示意图
（图片来源于网络）

马斯洛需要层次理论有多种表达形式，读图时代的年轻一代或许更喜欢具象图形示意，这恰恰从实践层面证明了市场细分的重要。

马斯洛的需要层次理论不仅概括总结了人类的基本需要类型，同时阐明了不同阶层类型之间需要的满足优先度。在特定条件下，绝大部分人会在满足生理需要的基础上再去追寻其他更高层次的需要，但这不表明其他需要不存在，而是被生存需要压制。举例来说，对于一个饥肠辘辘的饿汉，面包的重要性超过爱情。不过，闻一多先生"不吃嗟来之食"的强烈自尊心，显示出个体对需要层次具有控制能力。孔子表扬弟子颜回，说他"一箪食，一瓢饮，在陋巷，人不堪其忧，回也不改其乐。贤哉回也！"为了追寻自我实现，颜回可以将生理本能降至极低的水平。马斯洛的需要层次理论是有效的市场细分标准，是创业者寻找和发现商业机会的工具。很多时候，消费者洞察的结果令人眼前一亮，多数是因为创业者从乱花渐欲迷人眼的表象中探寻到了消费者真实的动机，定位到了具体的需要层次。比如经典的家庭主妇动机测试，发现很大一部分女性之所以将家人的衣物整理得干净整齐，最大的动力是这样做可以满足归属和爱的需要，能够得到社会的认可：她是一名称职的妻子或者母亲。

要进一步理解需要的意义，就必须引入欲望的概念。欲望是指人的需要经过文化和个性塑造后所呈现的形式。欲望这一概念是创业者在不同社会和文化环境中识别市场机会的一把钥匙。仍以饥肠辘辘的饿汉为例，如果他是一个中国人，脑子里呈现的是包子、面条、肉夹馍，或者一碗云吞，也有可能是一顿美味的四川火锅；如果他是一个美国人，脑子里的欲望会是汉堡、牛排。不同的社会阶层，需要呈现的形式也不同。饥肠辘辘的慈禧和饥肠辘辘的闰土，对食物的要求也肯定不同，前者想吃满汉全席，后者对一碗杂粮饭充满了渴求。中国幅员辽阔，各地风情不同，因此同在中国文化背景之中，同属一个社会阶层但处于不同亚文化的群体，欲望形式同样展现了巨大差异。广西柳州人喜欢吃螺蛳粉，陕西汉中人爱吃面。所以在汉中开一家螺蛳粉店，倘若没有足够的拥趸，恐怕会举步维艰。在理论上，需要是分类的，欲望是分层的。人类需要的类别并不复杂，可以归为几大类，但每一类需要的满足方式也就是欲望是无止境的。实际上，人很容易成为欲望的俘虏。针对这种情况，中国古代的先贤提出了"存天理、灭人欲"的观念。天理即是人的本能需要，人欲则指超出了本能需要的部分。

如果有购买力作为后盾，欲望就变成了需求。当谈论商业机会时，创业者关注的是有效需求。举例来说，在校大学生大多数没有独立的收入来源，他们或许渴望拥有一辆法拉利，但是并没有购买能力，因此豪车品牌不会将在校大学生定位成目标市场，豪车专卖店通常也不会开在高校旁边。可以把需求理解为欲望的枷锁，受购买能力限制的欲望就不会过分膨胀，市场经济用一种现实的方式完成了"灭人欲"的目标。

真正的创业者会持续地、不遗余力地探究和了解消费者的需要、欲望和需求，这既是商业机会的源头，也是维持与顾客关系的基础。除此之外，还有一个概念值得创业者认真思考，那就是价值。对价值的理解，最简单的解释是一切存在物对人的有用性。外国哲学大辞典对价值的描述如下，"某种事物或现象具有价值，就是该事物和现象称为人们的需要、兴趣、目的所追求的对象，但人的需要、兴趣、目的是随着社会环境改变的，因而价值是通过人的实践实现的……马克思主义哲学认为价值的本质是现实的人同满足其某种需要的客体的属性之间的一种关系，任何价值都有其客观的基础和源泉，具有客观性。"从定位的角度而言，还必须注意消费者对价值有自己的主观判断，在市场营销中，这种主观判断被称为顾客价值。科特勒等人对市场营销的定义恰恰说明了价值和顾客价值，市场营销是指管理可获利的顾客关系。市场营销的双重目标是，通过承诺提供卓越的价值来吸引顾客，并通过提升顾客的满意度来留住和发展现有的顾客。通俗来说，市场营销就是人与物的匹配，是人的需要和满足这种需要的物的属性之间的有机联结。从这个意义上来说，商业机会是无止境的。因为不管市场竞争多么激烈，总是存在价值认知的空隙，真正的创业就是适度超越顾客期待，让渡更多的顾客价值。大体来说，顾客在消费产品和服务的过程中，从中获取功能价值、情感价值或者社会价值中的一种或多种，强有力的购买理由是唤醒顾客价值认知的刺激源。

3. 作为商业机会发掘策略的STP

市场细分是关于商业机会挖掘的策略。这种策略方法在后续的研究和实践中，被不断发展和完善，营销学者菲利普·科特勒对此作出了突出贡献。科特勒将温德尔·史密斯的市场细分方法和艾·里斯的定位理论整合在一起，建构和完善了被称作现代企业营销核心的"STP战略"。STP战略包含在时间上继起、在空间上共存的三个步骤，即市场细分（market segmentation）、目标市场选择（market targeting）和市场定位（positioning）。经过科特勒等人的大力推广，STP战略成为经典营销教材不可缺少的核心内容。STP战略是一种营销理论也是一种方法论，可以直接用来作为挖掘商业机会的工具。

对于创业者而言，STP战略恰恰是前文所述"创业活动是指具有企业家精神的主体与市场机会之间动态匹配关系的体现，此时创业机会被视为一种主客体互动的结果"的最好诠释。市场细分确定有若干个具有不同需要、特征或行为偏好的购买者群体，根据特征将市场分为若干个小的细分市场，同时每个市场需要不同的营销战略或组合。企业应当识别出划分市场的不同方法并描绘出细分市场的轮廓图。目标市场选择是创业者特别需要注意的，在这一环节，集中体现了人和市场机会的匹配。例如，几乎所有人知道诸如高端计算机芯片、智能无人驾驶技术、载人航天技术、新能源汽车等领域有利润丰厚的市场机会。然而在以上每个领域中的项目，全球仅有几家公司具备参与竞争的实力，对于其他企业和个体，这些项目是望尘莫及的。

4.1.3 正确理解细分与定位

市场定位是市场细分和目标市场选择的最终呈现,人们在谈及市场定位这一概念时,往往会将 STP 三个环节的含义融为一体,或者说混淆在一起。实际上,市场细分和市场定位既属于不同的工作环节,适用的领域也不同。科特勒对于 STP 战略步骤的设计十分明显,细分先于定位。市场细分是对客观市场进行切割,以便发现更具有操作价值的目标市场。在这个特定的目标市场里,并非只有一家公司提供产品服务,因此需要和对手展开充分的竞争。市场定位是对特定目标市场中的消费者做心智建设,以期建立有利的、清楚的、显著和令人满意的地位。定位的概念是由美国学者艾·里斯和杰克·特劳特共同提出的,他们将定位视作"争夺用户心智的战争"。艾·里斯和杰克·特劳特是杰出的广告人,定位理论最初是应用于广告传播,本质上属于消费意识形态领域的工作。因此,市场定位被视为认知领域的竞争。一种朴素但并不完整的描述或许可以说明定位理论的内涵:消费者的认知强于企业家对自己的判断,换句话说,消费者认为好的才是好。从这个角度出发,定位理论对创业者具有强指导意义:消费者的需求是被建构的,因而创业机会可以通过发挥创业者的能动性加以塑造。

在实践过程中,市场细分和市场定位经常彼此互溶,呈现出"细分即定位"的情况。比如在中国大陆家喻户晓的保健品脑白金,因为及时准确地切入了礼品市场,同时提出并不断巩固了"礼品"的心智定位,因此创造了"送礼就送脑白金"二十多年的商业奇迹;紧随其后的白酒品牌"金六福",以"欢庆时刻就喝金六福"的广告口号,将白酒市场进一步细化,强势进入竞争激烈的白酒市场并建立起强有力的市场定位。学界对于市场细分和定位理论之间关系的讨论一直没有中断,建议创业者通过阅读经典教材获取更加全面的知识。

4.2 用户画像

在完成市场细分并选择了目标市场之后,创业者已经对目标用户群体具有初步的了解,比如这个市场中的消费者拥有怎样的特征,他们之间存在怎样的差异等。但是,目标市场的范围还是太大了,无法有效帮助创业者准确地锁定真正的客户。由于产品和服务是为满足具体客户在特定场景中的需求而存在的,创业者需要掌握更明确的消费者特征,知道他们需要什么、在意什么、偏好什么,从而完成对商业机会利用的惊险跳跃。依靠人口统计数据进行市场细分的做法在精准营销的时代暴露出的问题,通过"用户画像"工具得到了改观。用户画像代表一组用户,他们在购买决策、技术或产品的使用、客户服务偏好、生活方式选择等方面表现出类似的行为模式。无论年龄、性别、教育程度和其他典型的人口统计数据如何，行为、态度和动机都是"类型"的共同特征。事实上，用户画像在人口统计学上有很大的跨越。

用户画像可以帮助我们在茫茫人海中锁定客户，让他可以"站"在我们面前并与我们进行沟通。本质上的用户画像是一个用以描述用户需求的工具，通过使用用户画像，创业者能够将目标市场从抽象的数据转变为具体的需求描述，从而更准确地把握商业机会。

4.2.1 从模糊到清晰

1. 用户画像概念的提出

扩展阅读
构建用户画像

用户画像的概念最早由著名软件开发者、"交互设计之父"艾伦·库珀（Alan Cooper）提出，他在研究中将用户画像定义为"基于用户真实数据的虚拟代表"。库珀对用户画像的界定和后续研究者的观点有一个共同的基础，那就是强调用户画像必须基于真实的消费者数据，用户画像是真实生活在市场中的消费者的虚拟代表，是建立在一系列属性数据基础上的目标用户模型。作为实际用户的虚拟代表，用户画像所形成的用户角色并不是脱离产品和市场之外所构建出来的，形成的用户角色需要有代表性，能代表产品的主要受众和目标群体。至于为什么不直接使用实际用户，库珀对此有着这样的描述：

最有力的工具总是在概念上简单，但是在应用的时候需要一些技巧，交互设计工具也一样。我们最有效的工具很简单：精确描述用户和用户想要完成的事，技巧在于如何确定和使用这些描述。

最显而易见的方法——找出实际用户并向他们提问——并没有多少效果。原因有几种，最主要的原因是，问题的受害者不会自动知道解决问题的方法。实际用户是宝贵的资源，我们应该在他们身上多花些精力，但是不要让用户直接影响解决方案。

实际的解决方法看似无关紧要，但是在每个案例里都非常有力且有效。我们编造虚假用户，然后为它们进行设计。我们将编造的虚假用户称为"人物角色"（personas）。这些角色是进行良好交互设计的基础。

角色不是真实的人物，但是它们在设计过程中代表着真实人物。他们是真实用户的假想原型。尽管角色是假想出来的，但在定义它们的时候仍需要严密和精确。实际上我们不会专门去虚构角色，只是把它们当作调查过程中的副产品去发现而已。不过，我们确实会虚构它们的姓名和个人资料。

2006 年中国大陆翻译出版库珀的专著时，将 personas 译为"人物角色"，现在人们习惯了"用户角色"，本书遵循当下习惯性的翻译。但必须指出的是，在早期版本中，库珀反对使用"用户"这个词汇，他认为"用户"不够具体。在提出了用户角色的设计工具之后，库珀强调了"只为一个人设计"的理念，准确表达了他自己对聚焦和市场细分策略的推崇，其著作中的例子如下：

如果想让一个产品满足广大用户，逻辑告诉我们应在产品中提供很多功能。然而这种逻辑是错误的，实际上，只为一个人设计的产品成功机会要大得多。

想像一下，你在为很多人设计一种汽车。你可以很容易地将使用对象分为三类：中产阶级妇女、木匠和年轻主管。住在郊区的妈妈经常携带孩子、宠物等，还经常购买日常用品，因而期望拥有一辆空间和车门足够大，而且安全、稳定的车。木匠 Joe 期望拥有一辆结实耐用的车，四轮驱动，有足够的空间运载梯子、木材、石灰袋和工具。年轻主管 Seth 期望拥有一辆动力强劲，悬挂系统坚韧，顶篷可移动，够两人乘坐即可的跑车。

合乎逻辑的解决方案是每类用户需求的结合体：一个可以移动的顶篷，供孩子活动的封闭空间，还有堆放杂物的开放空间。多么愚蠢，多么不可思议的车啊！即使有人生产出来，也不会有人要。正确的做法是，为妈妈设计一辆微型面包车，为 Joe 设计一辆轻型卡车，为 Seth 设计一辆跑车……让人们喜爱你的产品，即使只是少部分人，这就是成功之道。

为具体的人而不是为抽象的"用户"去设计产品，成为"用户画像"工具的基本原则，这是库珀抓住商业机会的密钥。

2. 用户画像的七要素

关于用户画像的构成要素，国外学者 D. Travis 在提出用户画像这一概念时给出了 7 个基本条件：基本性（primery）、共情性（empothy）、真实性（realistic）、独特性（singular）、目标性（objective）、数量（number）和应用性（applicable），并将这七个特性的首字母组成"persona"一词，翻译为中文即为"用户画像"。

基本性：用户角色的呈现要基于对真实用户的情景访谈和观察。要确保建构用户画像的数据来自真实的场景，而不是凭空想象。基本性原则要求产品或者服务的设计者到"现场"去，仔细观察用户的工作环境，倾听用户的心声，了解他们工作的动机、期望、困难和自我认知等。

共情性：用户角色中包含姓名、照片和产品相关的描述，该用户角色要能引起同理心。基于真实的场景建构的虚拟人物具备真实的问题，这个问题具有普遍性，当这个虚拟人物出现时，能够快速地引发消费者共鸣。在市场测试和广告传播阶段，虚拟人物角色被消费者感知，经典的画面是消费者惊讶地说出："这不就是我吗？"。

真实性：对于那些每天与顾客打交道的人来说，该用户角色看起来要像真实人物。在进行用户画像操作时要注意：首先，用户画像是基于真实的，但不是某个现实的具体的人；其次，要根据行为观点的差异区别不同的类型，再将同类型的组合起来，提炼一个新的类型，形成一整个类型的用户画像。

独特性：不同类型的用户角色都是独特的，彼此交叉内容很少。库珀非常反感为界限不清晰的用户设计产品，他认为那种"弹性用户"耗费了设计者的大量精力，效果糟糕。库珀坚持"让人物角色具体化"，比如当描绘一名接受创业教育的大学生小美时，我们并不简单地让"小美选择创业课"，而是更为具体地刻画：清华大学金属材料专业的大一新生小美选修了一门创业初级课程，她正在为即将到来的中国国际"互联网+"大学生创新创业大赛做准备。这样的用户角色是独特的、具体的，能够帮助创业者精准定位客户并为其提供精准的服务。

目标性：用户角色要包含与产品相关的高层次目标，包含用关键词来描述该目标。库珀强调角色和目标的统一，它们之间是互相定义的，他说："角色由它们的目标来定义，当然，目标也由它们的角色来定义。"角色的目标一定要明确，也一定要得到满足，否则这个角色就失去了意义。罗永浩曾为自己的英语培训学校"老罗英语"作过一支视频广告。这支广告针对特定的细分市场，虽然没有使用具体的用户姓名，但算得上是经典的用户画像思维的作品。广告针对了喜欢摇滚乐但英语水平很差的年轻人，他们可能叫Tony，也可能叫张三，对这些角色来说，目标就是听懂英文摇滚歌曲。通过对这群人目标的设定，他们的角色就清晰起来，能够与创业者当面沟通。对比学习雅思的大学生而言，他们的目标则要比听懂英文摇滚歌曲困难得多。

> 扩展阅读
> 老罗英语广告

数量：库珀在工作时会为每一个项目创建一个角色表，里面通常有3～12个不同角色。当然，工作人员并不会为表中所有的角色进行设计，甚至有些角色是"负面角色"，用来更清晰地标记我们要为之设计的角色，因此一个工作项目大概会有3～8种类型的用户画像。每份角色表至少有一个首要人物角色。首要人物角色是设计为之服务的中心人物，这个角色的目标必须得到满足。在这里，我们可以把首要人物角色理解为"种子角色"。

应用性：用户角色要作为设计团队进行设计决策的一种实用工具而存在。库珀的观点是人物角色越具体，它们作为工具就越有效。需要要特别注意的是，让角色精确比让角色正确更重要。而且，令人不可思议的事情还在于人物角色的极其重要的贡献是它具备沟通价值。通俗来说，用户画像的价值就在于避免工作人员在沟通时使用"用户"这个非常抽象的概念，而是改为"小美""李强""马冬梅"这样非常具体的角色，因为只有后者才能让不同岗位的工作人员对自己所做的事情有真实的理解。

4.2.2 创建用户画像的步骤

1. 用户画像的指标

用户画像的内容不完全固定，根据行业和产品的不同所关注的特征也会有所不同。表 4-1 列出了常见的一些指标及其内容。

表 4-1 常见用户画像的指标及其内容

基本人口属性	性别、年龄、居住地区、教育、婚姻情况、生育情况、职业及行业等
内容偏好	体育、美食、理财、旅游、房产、娱乐等
消费偏好	服饰、日用、饮食、教育等
媒介接触	线下：报纸、杂志、电视等；线上：微信、微博、B 站、小红书等
消费场景	商场、健身房、体育馆、学校或办公室等
产品相关	觉得当前产品有哪些需要改进的地方，购买同类产品时会关注哪些特点；购买该品类产品的动机等

2. 创建用户画像的步骤

"只为一个人设计"是掌控商业机会的要诀。创业行动者"做减法"更有利于成功，这似乎是市场实践中普遍性的法则。面对诸多的诱惑和纷繁复杂的表层信息，创业行动者通常会陷入眼花缭乱不知道如何选择的境界。无论多么难以抉择，聚焦总是风险最低的路径。同样，在创建用户画像的过程中，聚焦原则需要不断被强化。

创建用户画像通常涉及五个基本步骤，如图 4-2 所示。

（1）收集用户数据　（2）整合用户画像　（3）完善用户画像　（4）选择主要用户画像　（5）分享用户画像

图 4-2 创建用户画像的步骤

1）收集用户数据

用户画像是虚构的，但它是基于真实用户的数据创建的。因此创建用户画像的第一项工作是收集用户数据。在市场细分时，创业者已经对目标市场中的消费者有初步的了解，对提供何种产品和服务到这一市场也已经有了基本的考量。但是，这种通过人口统计数据分析获得初步的了解和基本的考量对于指导具体的市场营销工作仍然宽泛，我们需要掌握"种子用户"更加全面和深入的信息，最终指向"只为一个人而设计"的目标。

收集用户数据的方法非常丰富，传统方法包括观察法、调研问卷法、面对面访谈和焦点小组访谈等，由于大数据技术的崛起，立体刻画消费者从消费心理到行为的各个方面已经成为现实。以上诸多方法各有用处，既可单独使用，也可以综合使用。另外一种简单而直接的方法是采用拿来主义的方法，参照竞争对手的市场数据做用户画像。在某些情况下，创业者没有充足的时间和资源与目标用户面谈。但是，我们可以通过对竞争对手产品的洞察来创建用户画像，具体渠道包括电商产品页下的评论、同类产品相关社区以及社交媒体上相关产品的话题。采用拿来主义的方式，当然要加进自身对消费者的理解。在收集用户数据的过程中，高质量的用户研究具有重要意义，切记不要虚构目标用户的特征。

为了创建详尽的用户画像，产品研发团队需要制定多种类型的问题。下面列出了一些可能所有产品的用户画像都会涉及的问题：

（1）你通常在什么情况下会遇到问题（指产品要解决的问题）？
（2）你目前通过什么方式来解决问题？
（3）你觉得目前这个解决方案怎么样？
（4）你期望的结果或者目标是怎样的？
（5）你（或家庭、企业）的收入水平怎么样？
（6）你了解这类产品的途径有哪些？
（7）你在购买这类产品时主要考虑哪些因素？
（8）你是通过什么渠道购买这类产品的？

2）整合用户画像

用户调研之后，可以得到初步的用户画像。通过数据分析，可以找出各个目标用户群体之间的共性，如他们面临的问题、选择的解决方案、目标和动机、期望的结果和关注点等。在此过程中可能发现用户在某些方面极度相似——可能面临着同样的问题，具备同样的目标和动机，甚至用同样的词汇来描述问题，这些数据都极具价值。

在此阶段最关键的任务是对具备相似特征的用户画像进行合并，通常会优先考虑将有同样目标和动机的用户画像进行合并。

3）完善用户画像

完成对用户画像的整合后，要进一步完善用户画像，确保每个用户画像都有一个自己的名字和详细描述，使得用户画像更加真实。例如，我们可以用 Jane 来代替"喜欢运动的 30 岁女性"，因为 Jane 比"喜欢运动的 30 岁女性"更加真实和贴近生活，其代表了这类用户群体，便于产品研发团队将其当作一个人而不是一系列特征的集合来思考和设计产品。我们希望一提到 Jane，产品研发团队就能想到 Jane 的喜好和习惯。

一般来说，用户画像应包括以下内容。

➢ **名称**：可以是真实的用户名称，也可以是虚构的用户名称。每个角色都应该拥有唯一的名称。

> **照片**：要为用户画像中的角色上传其代表照片。同名字一样，照片既可以是真实的，也可以是虚构的。它使用户画像更加真实和贴近生活，可以被产品研发团队轻松地识别出来。

> **座右铭**：有助于完善人物个性，使其看起来更真实。

> **人口统计信息**：包括年龄、性别、收入、地理位置等信息。考虑产品本身的属性和价格，职业和收入是十分值得关注的。

> **个性特征**：理论上讲，这类信息应该使用五大人格理论来描述，但因为研发人员很难有时间和精力去做这方面的工作，所以一般基于从用户访谈得到的对用户的了解进行主观描述。

> **动机**：动机可以帮助设计人员理解用户的想法。例如，用户是否愿意购买能够记录其健康信息的相关产品？问题的答案往往取决于用户是否具备某些动机。因此，研发人员要写清楚用户使用同类产品的主要动机是什么。

> **使用习惯和场景**：描述用户的使用习惯和使用场景。比如，用户习惯于使用某类产品或 APP，他们的操作习惯是怎样的，他们在什么地点或情况下会使用产品等。

> **目标和挫折**：与使用习惯和使用场景一样，了解用户的目标和挫折可以帮助研发人员更好地以用户为中心设计产品。

> **当前解决方案和问题**：研发人员需要了解用户为了实现目标目前都在使用哪些产品或解决方案，在使用其他产品时遇到了哪些问题。

> **了解产品的途径**：如果研发人员知道用户是通过哪些途径接触同类产品的，如社交媒体、电视广告、搜索引擎、朋友推荐等，就知道通过哪些渠道可以更有效地触达目标用户。

> **对产品的关注点**：不同用户对产品的关注点有所不同，但总会有很多重叠的部分，如外观、价格、安全、质量、易用性等。了解用户群体对产品的关注点，有助于研发人员在设计中更好地权衡各方面因素并有所侧重。

用户画像的内容并不是一成不变的，根据实际情况或者不同的产品类型，研发人员会对内容进行调整完善。

4）选择主要用户画像

在这个阶段中，要选择一个用户画像作为主要的用户画像，把它当作产品的重点服务对象。产品研发团队要针对主要用户画像设计产品，因为不可能为所有类型的用户设计。所以，我们要对所有用户画像的关键特征进行分析，找到一个具备绝大多数用户特征的用户画像，并将它作为主要用户画像。

针对主要用户画像而设计的产品，通常应满足其他用户画像的大部分需求。这些需求没有得到完全满足的用户画像可以进一步整合，得出若干个具备代表性的次要用户画像。如果需要针对次要用户画像设计产品，采用的设计方案要避免对主要用户画像所采用的设计方案产生干扰，避免由于为次要用户画像的用户提供便利而影响主要用户画像的用户的操作效率或体验。

5）分享用户画像

与尽可能多的利益干系人分享用户画像。要尽早将用户画像分享给那些产品设计团队之外的人，包括未来将参与进来的人以及外部合作伙伴，目的是让大家对目标用户是谁、用户目标是什么等达成一致，时刻提醒大家从目标用户的角度去思考问题。

4.2.3 用户画像的场景化与故事化

1. 有效的用户画像

创建用户画像是为了更好地把握商业机会和更精准地服务消费者。创业者必须迎接变化带来的挑战，市场环境在变化，消费者的心理和行为在变化，因此创建用户画像的工作并不是一劳永逸的。有效的用户画像具备如下五个特征：

（1）能再现核心用户；

（2）能表达、聚焦于核心用户的需求和期待；

（3）能清晰表述用户期待、用户最可能的产品使用方式；

（4）作为辅助工具，能揭示产品或服务的通用功能与特征；

（5）用背景、目标、价值描述真实用户。

用户画像并不是一成不变的，创业者随着对用户了解的深入不断进行调整。例如，新手用户一开始关注的是产品的易用性，如操作界面是否简洁美观、是否具备足够的新手引导、每个功能的交互是否清晰易懂等。但随着不断地使用产品，逐渐从新手用户变为专家用户，这时候他关注的可能是产品的效率，如常用功能是否都有快捷键、操作步骤是否精简等。所以，一次性建立完美的用户画像几乎是不可能的。

2. 场景化与故事化

用户画像的场景化是为了精准服务，故事化则最大限度地激发消费者共鸣。消费者是在特定的场景中行动的，创建用户画像必须考虑用户场景。用户场景之所以被不断强调与市场不断被细分密切相关。对于场景的概念，梁宁认为场就是时空，景则是情景和互动，用户在特定时空里被特定的情景和互动激发了特定的情绪，消费就会自然发生。场景化的用户画像更加精准，实现了用户与场景的有效对应，反映用户人物的行动、态度和动机等更加具体的信息，能够帮助创业者有针对性地提供或者改善产品。强调场景化，无非是要说明消费者不是悬置在空中的抽象概念，而是活生生的人。

儒家强调的"慎独"就是场景化的描述。独自一人的时候能否像在公开场合一样，行为态度没有变化一以贯之，反映了一个人的修养境界。同一个消费者，当他一个人的时候可能很理性，在群体中则可能从众。一个人去吃饭，可能简单填饱肚子就好；一家人去吃饭，可能就要丰盛照顾每个人的口味；带亲密的朋友去吃饭，可能下苍蝇馆子为的是口味；请客户吃饭，可能就要大讲排场。不同场景里的用户行为呈现出巨大的差异"每逢佳节倍思亲"也是场景化描述，由于节日被赋予了特定的意义，容易激发人们的情绪，因此"节日营销"长盛不衰。对于一个中国人来说，无论如何也无法将春节视为一年中普通的一天，春节这个巨大的文化场景影响了全体中国人，调动起喜庆、团圆、辞旧迎新的热烈饱满的情绪。

泰国公益广告：购买应季蔬菜

故事化作为一种叙事方式，沟通力极强，能具体生动地呈现消费者的特征、困境和目标。在创建用户画像的过程中，故事可能是最容易被忽略的一部分内容。故事承载着用户行为、场景以及决策逻辑，而故事本身不仅赋予了用户画像以真实感，更是将一系列的关键因素串联进来，随时随地帮助设计和开发者洞察有效、实际的情况。2020年在B站爆红的罗翔擅长讲法律故事，"张三"是罗翔法律故事中的主要人物角色，我们也可以说罗翔是用户画像故事化表达的高手。泰国广告擅长通过讲故事的方式吸引和打动观众，激发消费者共情。

3. 另一种用户画像：大数据分析与个性化推荐

传统意义上的用户画像耗时长、投入的人力和物力成本大，造成了其在实际落实中的困难。今天，随着互联网和数字技术的迅猛发展，用大数据进行用户画像已经成为一种普遍的现象。"大数据"是指由如今成熟的信息生成、收集、存储和分析技术产生的大量复杂数据；大数据分析是指对规模巨大的数据进行分析的过程。比起实地调研，用大数据记录人的行为更加准确、更加便捷、更加节约时间和经济成本。

在当下，人们的生活越来越离不开手机，而通过手机，我们所有的行动都被记录下来储存在云端。比如一个人每天什么时候打开淘宝，每次打开会看多长时间，会搜索哪些关键词、点进哪些商品进行进一步的确认，购买哪些产品等，这些行为都会被记录下来。数据积累充足后用户会被贴上专属于自己的"标签"，这些标签成为后期软件推送内容的数据基础，所以才会有"每个人的淘宝主页都不一样"的现象出现。

通过大数据分析，可以得到一个社群的用户画像，如B站2020年第一季度的用户画像显示：新用户平均年龄为20岁，其中超50%来自三线及三线以下城市；用户男女比例为57∶43，18～35岁的用户占总体的78%，学历为本科及以上的比例高出全网10%；华东地区用户最多（34%），其次是华南用户（21%）、华北用户（17%）、华中用户（15%）、西南用户（13%）。通过这些数据，B站可以清楚地把握用户的特征，决定下一步的战略。而对于企业来说，这些数据也可以为他们的广告投放提供借鉴。

运用大数据分析，可以帮助企业更精准地推销产品、投放广告，节约成本提高经济效益；节约人力成本，提高资源配置效率；用个性化推荐拉进与消费者的距离，增强消费者的品牌忠诚度。

4.3 市场规模

2亿美元游太空：人类首次全素人超高轨道太空旅行

市场是产品或服务的所有实际和潜在购买者的集合。当然，我们必须针对特定的产品和服务在特定的时空和市场条件情况下来理解"人就是机会"，从营销的角度它意味着人和物的对应关系得以确立，并且人对物的需求是稳定且持续的。这种人与物之间稳定且持续的关系有两种基本的表现形式：第一种是特定的个体对物的持续购买和消费；第二种则指向了不特定个体的散发需要，但在时空上呈现出稳定和持续的消费需求。埃龙·马斯克的"龙飞船"显然更符合第二种情况。

为了便于理解人与物之间这种稳定且持续的关系，我们需要使用市场规模这一概念。市场规模也被称作市场容量，是指市场的尺寸或者范围。市场规模反映了特定产品和服务在空间上被广泛需要，在时间上被持续消费的实际或者预估状态。市场规模是商业机会的基础，是评估商业机会的关键指标，没有一定市场规模支撑的商业机会是危险的，那将使创业变成一场虚幻旅行。

4.3.1 市场规模三要素

市场规模的大小受人口数量、经济发展状况和社会文化的影响，购买者、购买能力和购买意愿构成了市场规模的三要素。购买者是最终做出购买决策的人，这是狭义的概念，不指代其他消费者角色。购买者决定了交换关系能否建立、交易能否最终达成，是市场规模中决定交易1或0的关键角色，因此购买者成为市场规模的基础。购买者未必是产品的使用者，所以在测算市场规模时需区分"用户画像"中的用户与购买者是有差别的。购买能力主要取决于购买者的经济收入，与传统"量入为出"的消费习惯不同，当下的购买者借助发达的金融工具有效地提高了自身的购买能力，这对市场规模的扩大是利好。而购买意愿则受多元因素影响，其中文化因素至关重要。费孝通先生在《江村经济》中描绘了江南地区开弦弓村的地主简朴着装的事例，地主通常具有更强的服装购买能力，然而受"勤俭持家"和"财不外露"传统文化的影响，当地富裕地主的穿着与一般百姓并无二致。在电视剧《大染坊》中,淄博张店的卢姓大地主舍得花几万大洋送长子到德国留学,却不舍得花钱买肉。全家人好不容易等留洋的儿子归来,盼望着可以开开洋荤庆祝一顿时,大地主还不忘嘱咐买肥膘肉,说肥肉吃起来更香。明白了购买意愿受文化因素的影响,对于创业者正确认识市场机会极为重要。

掌握真实的市场规模信息,充分领悟市场规模三要素之间的关系,辩证地看待市场机会,是创业行动者的首要功课。从辩证思维的角度分析,市场规模是在绝对的运动和相对的静止之间不断调整的。绝对的运动是指市场规模的大小始终在变化,不存在一成不变的市场。相对的静止则是指在特定的时空范围内,受人口数量、经济发展和文化传统等因素的制约,市场会维持在一个较为稳定的规模,短期内较少出现剧烈的波动。举例而言,2020年新冠疫情肆虐全球,由于中国大陆采取严格的疫情防控措施,社会生产得以迅速恢复,外贸出口持续增加。到2021年初,从中国出发面向全球主要国家的贸易航路上的运输需求空前旺盛,海运、空运均出现了"一舱难求"的极端情况。这种情况的出现是多种因素叠加影响的结果。辩证地看待市场规模的变与不变,有两个基本的用处。第一,帮助创业者树立"做大蛋糕"的长线心理,借助新技术、新的金融方案、创新的商业模式,持续地培育消费文化,创业者就能更好地抓住市场机会,做到从0到1、从小到大、从弱到强;第二,时刻提醒创业者市场在变化,不能躺在过去的成绩上坐吃山空。

布兰克在《创业者手册》中提醒创业者采用分层的方法把握市场规模,他把市场分为三类:总有效市场、可服务市场和目标市场,如图4-3所示。布兰克的提醒戳穿了许多创业者对市场规模的虚假想象。他还提醒初次经营企业的管理者,不要以各种研究机构提供的市场规模数据为决策基础。"他们应当留意,市场研究机构所擅长的只不过是预测以往的数据(如果它们真有本事预测未来数据,恐怕早就改行做对冲基金了)"。

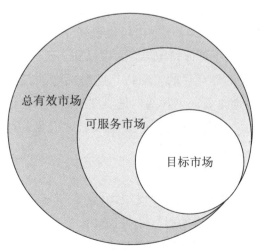

图4-3 总有效市场、可服务市场和目标市场

4.3.2 潜在市场规模的测算方法

至于市场规模的计算方法,理论界提供了测算的基本原理,精于实战的创业者积累了丰富的经验。

扩展阅读

如何估算市场规模（Market Sizing）

4.3.3 刚需、利基和长尾理论

1. 刚需

刚需一般指刚性需求,在产品上通常表现为生活必需品。从学理上讲,严格的"刚性需求"应该是需求数量根本不受价格高低和涨跌的影响,即价格弹性为零的需求,而这种需求在现实经济生活中并不存在。尽管吃、穿、用、住、行从整体上、概念上不可或缺,但其消费数量、质量和结构存在变化空间,即存在弹性。刚性需求实际上表达的是某种需求的重要性,在创业实践中,使用"生活必需品"的概念更具指导意义。创业者在思考市场规模问题时,可以首先思考创业项目是否属于生活必需品范畴。西方主要资本主义国家在初期发展阶段均大力发展纺织行业,正是看重了服装作为生活必需品的庞大市场规模。在传统市场营销中,刚需市场通常被视作一片红海,既充满了机会更有无尽的竞争和挑战。

2. 利基

扩展阅读

"人生百味,只挑贵的体会"

利基营销是应对市场变化的一种方式,也是其结果。垂直细分是当下创业者对利基营销的新说辞,不断地细分市场,本质上就是查漏补缺,去满足大量营销无法满足的需求。移动互联网领域的创业者深谙其道,没有抢占到数字大平台的发展机遇,那就不断深化,要么做更小空间市场,要么做更细分的行业领域,总能找到市场的缝隙。如此一来,刚需市场也被划分成丰富多彩的小块,例如饮食业,既可以像下延伸摆地摊,又可以向上延伸赚富翁的钱。"人生百味,只挑贵的体会"的"ANY"味是后者的代表。与刚性需求相对,满足的是特定细分市场的稳定需要。"利基"是英文 Niche 的音译,有拾遗补缺或见缝插针的意思。关注利基市场,从满足小部分人的独特需求开始创业已经成为一种趋势。毕竟"百鸟在林,不如一鸟在手"。

3. 长尾理论

长尾理论的概念是美国《连线》杂志主编克里斯·安德森（Chris Anderson）于 2004 年 10 月提出的,用来描述诸如亚马逊和 Netflix 之类的网站的商业和经济模式的概念,如图 4-4 所示。他认为,"如果把足够多的非热门产品组合一起,实际上就可以形成一个堪与热门市场相匹敌的大市场。"

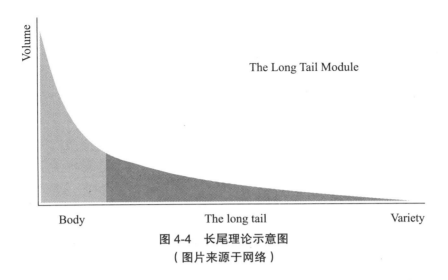

图 4-4 长尾理论示意图
（图片来源于网络）

长尾理论提出时的社会背景有两个明显特征：第一，网络技术促成人们之间低成本地、方便地连接；第二，丰饶经济学时代的到来，生产能力强大，物质品种丰富，激发并满足了需求的多样化。布兰克在《创业者手册》里划分"可服务市场"，主要是指受制于渠道通路而不得不接受现实的市场，因为在传统创业领域，渠道特别是销售渠道是一道坚实的竞争壁垒。例如，在螺蛳粉被推介到青岛之前，喜欢吃这类带有特殊气味食物的本地人寥寥无几，如果有一个创业者在青岛市南区开办一家实体螺蛳粉店，他不得不面对少之又少的"长尾"顾客，可能一天只接待几个堂食的客人，毕竟从其他城区跑来只为了吃一口螺蛳粉的成本太高了。但是，在今天，这些都不再是问题。顾客可以通过网上商店从广西订购螺蛳粉，然后快递公司在承受的时间范围内送达产品。市南区的螺蛳粉店也可以通过美团、饿了么扩大销售范围，将产品分销全青岛，也可以使用直播带货，聚敛全世界的消费者。借助网络技术，特别是移动互联网技术，万物互联，全世界互联，长尾顾客能够被精准地挖掘出来并被有效满足。可以说，今天的利基营销已经达到了登峰造极的地步。

4.3.4　客单价与复购率

评估市场规模不能忽略客单价和复购率。

客单价指一个消费者购买商品的金额总和，在线上购物中可以被理解为平均一个有效订单的金额。计算公式为：客单价 = 已成交的有效订单总金额 / 已成交的消费总人数，或客单价 = 已成交的有效订单总金额 / 已成交订单的笔数。很显然，客单价直接影响到了市场规模的大小。当初期创业者轻易沉浸在卖出产品的喜悦中而忘记投资回报率时，就掉进了虚假繁荣的陷阱。创业者要想办法提高客单价，尽管这项工作非常难、非常具有挑战性。长久的实践表明，使用"诱饵产品"是有效提升客单价的方式。在满足一种需求的搭配产品中，选择一个产品以惊人低价销售，以此带动配套产品的销量，如饭店的免费酒水，或者烤鱼店里的2元畅喝饮料等。

复购率指消费者在指定时间段内重复购买某商品的频率。消费者的重复购买传递出强烈的市场信号，表明产品被市场认可和接受，意味着企业和消费者的关系趋于稳定。从逻辑上讲，消费者对产品满意才会产生重复购买行为，因此关注客户满意度，不断提升客户认知价值，促进客户信任，赢得客户忠诚是创业者必须完成的功课。当重复购买的消费者越来越多，复购率也不断提升，企业未来收益稳定，市场规模才具有了实践层面的意义。所以，市场才有"二八法则"，就是要不断提醒创业者务必重视老顾客的价值。

4.3.5 长线培育与造势

"双减"后，一半以上家长担心私教、拼班泛滥

创业者如果有幸进入了一个长周期的商业进程，坚持下来就会收获颇丰。不过，这又好像一个悖论，初次创业者的实力通常不足以支撑太久时间，因此又有许多创业者在市场繁荣来临之前离开。在淘宝之前，在中国大陆市场上有易趣等数个电商网站，终因市场配套等诸多原因而失败。2005年之后，随着第三方支付和全国快递网络的发展，电商平台快速崛起，成就了淘宝在电商市场的领先地位。熬过漫长的市场培育期，成功活下来的企业占据了头部位置，在数字经济时代成为赢者通吃的代表。

除了坚持的毅力，初期创业者也不要忘记造势。我们在实践中发现，有些地方的商业文化比较保守，创业者不愿分享成功经验，不能带动更多人扩大市场规模，这是不懂得造势。创业者一定要学会造势，其本质是拉拢更多人一起来做大蛋糕，把事业做大。

思考题

1. 什么是重度垂直？请找一个相关案例并运用市场细分策略加以分析。
2. 迎合需求还是创造需求，谈谈你的观点。

教育培训行业的新机会在哪里

即测即练

微课视频

第 5 章　塑造产品原型

学习目标

1. 理解什么是产品原型设计；
2. 掌握进行产品迭代的思路与方法。

案例导入

青铜器＋盲盒＝原型设计师李坏的奇幻世界

说到潮流与收藏玩具，我们首先都会想到可爱形象的动物造型、奇幻世界观的各种怪兽以及艺术家原作绘画的奇妙图案。

正是艺术家的脑洞大开、各类知名 IP 的再度创作，推动着新潮事物的艺术表现形式不断更新，曾经陈列在博物馆里的国宝，庄严肃穆的青铜器，变成造型迥异的玩具来到玩家的身边。此前三星堆文化的出土，掀起了一股考古热，而作为中国独有的、辉煌的青铜文明，它蕴含的魅力也吸引着无数艺术家们对其开展二次创作，李坏就是其中之一。

李坏是网名，本名叫倪敏锦。大学任教期间空闲时间比较多，常去翻阅各种资料，研究各类玩具材质，并慢慢做出来一些作品。这让他养成了一个习惯，就是把问题剖析开来，将一个难题分成很多个小部分，再一点点去攻克。另外会把逻辑性放在创作的激情之后，事先会做好很多准备，就像备课一样。这样的处理方式在创作过程中，虽然也会有一些困难，但是不会遭遇颠覆性的毁灭打击。

每次创作都很耗费精力，因为他本人特别注重细节，会尝试很多材质。而且李坏创作的初衷不是为了赚钱，但也并非不考虑收益，试错是需要成本的，李坏按照逻辑一点点推进，避免出现完全无法产品化的一些错误。比如，他当时和软体动物在开发 Sofubi 玩具，就在造型上做了很多次尝试与修正。

李坏的创作灵感来源于自己的积累与喜爱，就像做青铜系列产品，源于本身对博物馆的喜爱，在创作过程中也会多次去博物馆考察，既是出于对细节的考量，同时逛博物馆在他看来又是一件特别过瘾的事情。选择青铜造型是因为它是华夏文明中所特有的，是中国传承了几千年的文化特色，在李坏做完第一个青铜原型鸮后有点意犹未尽，利用在上海参加展会的机会前往上海博物院参观了一天的青铜器，也找到了很多古代工匠的萌点，相继又创作出饕餮、觥大、觥二、牺尊、冷鸦和凤鸟等作品。

在做青铜系列时，李坏做了很多尝试之后发现各种材质在同一造型的表现上都会不一样。所以他在做了一些仿造青铜纹理与质感的玩具之后，又选择用铸铜去重塑了这一切。李坏很早就开始尝试数码雕塑，因为它使用起来非常快捷。当有了一些灵感又没有那么多创作时间时，李坏就会把它打印出来，之后再根据打印出来的模型一点点去做调整。

盲盒是指具有随机性的玩具盒子。盲盒里面通常装的是动漫、影视作品的相关产品，或者设计师单独设计出来的玩偶。"盲"就在于盒子上没有标注，只有拆开才知道里面是什么。人们购买盲盒主要是为了寻求惊喜感。

在李坏看来，盲盒这种形式推广成本相对较低，李坏的创作初衷也是希望每个人都能收藏自己喜欢的东西，而且盲盒的这种形式，也会帮助创作者被更多人了解。

（资料来源：https://mp.weixin.qq.com/s/S9xE5QigZVP6lrxdSqu1yw）

5.1 产品原型概述

5.1.1 什么是产品原型

1. 定义

牛津词典对"原型"的定义是：某种东西的第一个、典型的或初步的模型，这种东西通常是机器，在此之上开发或复制其他形式。通过这个定义，任何能够将想法从创业者脑海中表示出来并让其他人看见的东西都可以被看作原型。

IDEO 的原型设计师 Chris Milne 将原型称为采访。其中原型的功能必须在与用户交互时留下深刻的印象。通过原型设计，设计师可以让想法在安全的环境下与用户互动，不管用户是否喜欢原型，设计师都可以从这些交互中获得反馈，并为用户设计一个更好的方案。这种广泛的定义使设计师更有动力改善产品设计、界面、体验和感受，以便用户可以根据自己的需求找到合适的产品。

因此，原型是对产品概念的形象化和具体化，是对设计师构想的一种体现。产品原型是产品设计方案的表达，是产品设计界面的展示，是功能与交互的示意，也是与其他人员沟通的依据。产品原型一般包含界面布局、简单交互以及相关说明。根据使用场景的不同，原型可分为手绘草图、低保真原型和高保真原型。

2. 原型示例

各行业都创造了自己工作的原型以测试和改进想法。

1）建筑

建筑师必须开发复杂的系统，包括建筑程序（它用于什么）、循环系统、结构完整性、材料选择、加热和冷却系统、机械和电气系统、管道及空气流通。他们通过绘图、建模和测试逐步改善建筑物的整体体验。建筑原型包括平面图（根据用户需求进行绘制和重绘）、气流模型（通过显示空气如何在房间流动来测试整个空间的通风情况）、日照模型（通过测试任何时间点房间里的光照率来改进窗户的设计）、材料研究和美学模型，更复杂的模型包括模拟走查，通过屏幕和虚拟现实中的空间来测试建筑内部的感受和体验。例如，挪威的一家建筑公司为客户设计提供了全面的平面图，使客户能够真实地穿过空间并理解空间的布局和流动，如图5-1所示。通过使用原型，建筑师可以在不同阶段与客户沟通设计决策，以获得批准，并将最终规范传达给承包商和工程师，供他们在现场操作。

图5-1 建筑模型（图片来源百度）

2）工业设计

工业设计师在为物理产品设计新的形态和外观时，他们一直在测试设计是否符合人体工程学且易于使用，还要测试其设计的形态是否可以制造，通过草图和物理模型思考产品设计的不同方式。

工业设计原型包括大量的草图、泡沫模型、材料研究、美学模型、缩略模型和最终形态。一旦设计师决定了产品的大致形态，再使用合适的材料进行建造，并用学术标准对材料的使用寿命和人体工程学符合度进行测试，最终才能完成产品设计为生产做好准备。在决定产品的最终形态之前，工业设计师花费大量时间进行原型设计并测试他们的想法，并利用原型与制造商沟通最终的设计决策。原型对工业设计进程的价值是不可估量的。

3）个人电子产品

在开发个人电子产品（工业设计的一个子集）时，设计师首先设计草图并进行形态研究。此外，他们还需要处理复杂的工作内容，包括选择和测试必要的电子组件并将它们组合在一起，直到整个系统可以运转。组件的选取对设备最终的外形和布局有广泛的影响。

　　为了达到目的，设计师将系统分解为可测试的组件，首先用较大的电子组件构建原型，然后将它们慢慢地结合在一起，使代码正常工作以加入全部功能。直到组件协同运行良好，设计人员才开始使用较小版本的组件，并在最终环境中和用户一起进行测试。这种类型的产品设计需要进行材料测试，如果有需要的话还需要设计附带的应用程序以控制设备。

　　4）软件和应用程序

　　软件设计人员创建原型，需要充分考虑用户如何交互，并测试用户如何操控复杂界面。这些原型包括用户流程——以显示理想的用户路径并确定用户需要的功能、可测试的线框（纸张或可点击版本）、代码原型和视觉设计的高保真度原型。最初设计师探索多种方法来解决一个问题，与用户测试每一种方法以确定最优的点击路径。设计人员在整个过程中基于测试不断改进软件的整体交互。

　　每个软件原型都有特定的用途和需要测试的假设或问题。在项目初期，原型的目标是针对大问题，比如应该如何组织信息架构、整体用户流程以及产品的形态。在项目后期，用原型更精细地测试特定元素，如样式、交互模式以及UI文本。设计人员利用原型沟通交互流程，并为他们的开发团队定义交互行为和功能，开发团队用代码来实现（或执行）需要的功能。

5.1.2　为什么我们需要原型

　　每天都有数百种新的智能产品和应用程序进入市场。在如此激烈的竞争中，如何确认创业者的想法是具有影响力的？如何确认用户会为创业者的想法买单？创业者可能熟悉业务，已经做了一些市场调查，并找到了一个有潜力的领域，或者创业者正在与一个有创意的团队合作，并且正在争取实现最小可行产品。但是目标客户将如何从产品或应用程序中获益，如何确保创业者的团队提供的是最合适的解决方案呢？

　　要创造对用户有影响力、有价值的产品，原型设计和用户测试是最佳方式。通过原型与人群交流，观察他们如何与原型互动，通过这种直接的互动，可以准确了解用户在何时陷入困境、有哪些他们难以理解的内容，以及他们对整个体验的内心反应，从而获得有价值的反馈并改进产品。

1. 理解

　　原型设计不仅可以帮助设计师理解现在正在尝试解决的问题，还可以指明另一些应该解决的问题，这个过程被称为发现问题。它可以帮助找到用户痛点的根本原因，这些原因可能与之前的假设有所不同。在设计流程的早期阶段，用探索性的研究和原型设计去发现问题很有帮助,因为当进程走得越来越远的时候,更改方向会变得越来越困难且越来越昂贵。尽早地进行小规模测试会帮助公司的产品保持在正确的轨道上。

1)备选解决方案

除了了解问题外,还可以通过画图或制作原型的方式来探索其他解决问题的方法。如果只追求唯一的解决方案,很容易遇到困难。尽可能尝试不同的想法,而不是执著于头脑中出现的第一个点子。最好的办法是将解决问题的所有方案快速制作成原型,然后做任务测试来比较相同交互的多个版本哪个更好。用户和原型之间的互动能验证想法是否有价值、解决方案是否正确、对问题的定义是否正确。这样在进行下一步时才能对自己的想法和选择更有信心。

例如,如图 5-2 所示,有很多方式可以展示数字产品的导航系统。对移动应用来说,可以在顶部或者底部制定选项卡导航,或者把它藏在抽屉栏中(抽屉导航是一种隐藏式的导航,通常用三根水平线的图标表示,点击它时会出现的菜单,又叫汉堡包导航菜单)。还可以把它放在屏幕顶部,让它随着手指的上下滚动移出屏幕,或者固定在屏幕上。设计师可能会觉得抽屉式的导航最适合这个产品,但是用户可能不会去点这个菜单按钮,从而也不可能发现有选项在其中。尽管设计师可能有一个直觉的判断,但最好还是测试不同的方案看看是否有更直观的方式让用户浏览 APP。

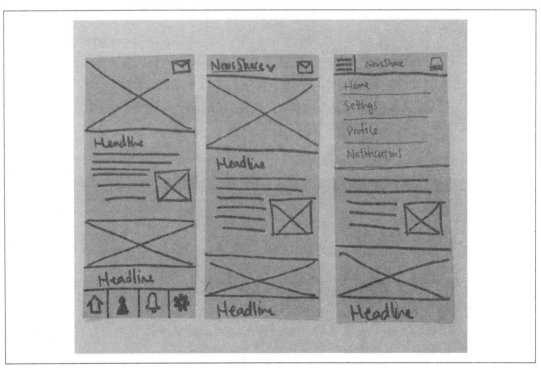

图 5-2 通过测试几种不同的导航选项确定哪种最适合用户

(图片来源:《原型设计:打造成功产品的实用方法及实践》)

2）理解策略

可以通过原型设计来了解产品的竞争格局、产品组合方向和用户目标，从而明确产品策略。原型可以将商业方向转变成有形的资产，也可以用来与他人分享、讨论以及改进方案，帮助定义产品。例如，精益商业画布可以帮助阐明产品策略的不同方面，找出哪个模块有风险，哪些假设需要测试，如图5-3所示。画布是一个空白模板，可以通过了解产品和即将面对的市场来建立商业模型。在画布上写上将要解决的问题、方案、成本结构、独特卖点和关键指标，以了解有关产品方面的内容；写上优势、用户细分、收入以及渠道，这些用来了解市场方面的内容。用创业画布这个工具，可以方便地与其他人讨论产品方向上的策略。

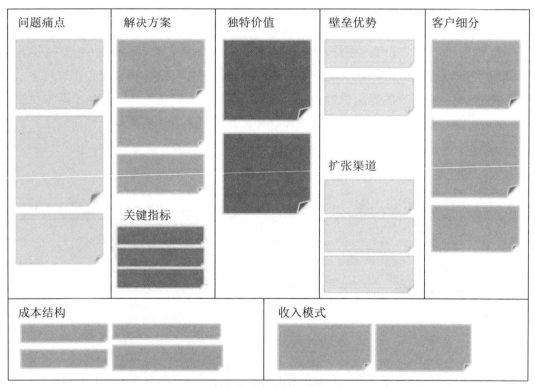

图 5-3 精益创业画布
（图片来源：百度）

通过定义和测试长远的产品全景图，从而了解软件或硬件发布所要交付的内容是什么。全景图用小的模块排列优先级，描述下一年的工作，如图5-4所示。通过全景图不仅可以了解下一步的工作以及未来的计划，还可以帮助团队关注长期目标，并使设计能够随时验证发展方向。全景图是一个可以经常查看和修改的在线文档，根据用户的反馈和实际的工作来更新优先级。

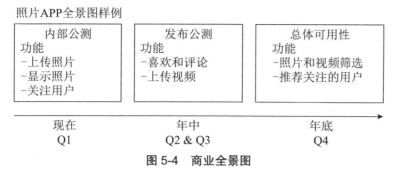

图 5-4　商业全景图

（图片来源：《原型设计：打造成功产品的实用方法及实践》）

3）了解用户流程

在设计流程的后期，原型可以帮助理解整个用户流程以及每一步的设计内容，帮助定义用户体验并设计正确的用户界面，包括交互元素和内容。当创业者绘制出流程的每个部分并思考帮助用户达成目标还需要什么时，就会发现一些新的设计角度。了解是原型设计的基础，了解的信息有助于指导项目的每一个阶段。

4）以用户为中心的设计

以用户为中心的设计是设计人类能够理解和使用的工具的过程，而不是要求用户调整自己的态度和行为去学习和使用系统的过程。创建有价值的产品的最佳方式是通过用户研究初步了解用户是谁，通过测试原型与潜在用户交流。

以用户为中心的设计的第一部分是充分了解用户。哪类用户将使用或购买创业者的产品？如果回答是"每个人"，创业者的产品就不适用于市场上的任何一个人。当创业者的答案过于宽泛时，创业者将很难在市场上找到客户。所以在项目中获得额外的想法是很重要的，特别是当创业者长时间工作却没意识到自己的偏见的时候。

想要了解创业者的用户，首先必须建立同理心，从直接与他们交谈、了解他们的习惯和喜好开始，询问他们在工作流程中遇到的具体困难，了解他们现在是如何解决遇到的问题的，从痛点（真实的或感知到的问题）中找到设计机会点。其次是了解他们的日常生活——最喜欢的 APP 是什么，读哪些书，看什么电视节目或参加什么活动等。这些细节可帮助创业者了解用户是谁，以及如何改善他们的生活。

2. 沟通

原型可以帮助创业者向其他团队成员、利益相关者和用户展示自己的想法。如果使用得当，它会成为强大的沟通工具，将想法转化为物理的或数字的媒介，并将模糊的、概括的想法转化为具体的对象。如果没有原型，其他人就会用他们自己独特的心智模型来可视化创业者的想法，这样会使大家的期望很难统一。当创业者用屏幕上的原型或者实物的原型，而不是用一些模糊的术语来表达想法的时候，可以让大家在短时间内聚焦。

使用原型设计进行沟通时，要注意谁是创业者的听众以及沟通的目标是什么。因为每次沟通的目标不一样，与老板、投资人、设计师沟通的原型也会不一样。进行设计评审和争取获得合约需要不同的原型展示方式，甚至需要不同的原型。在原型中展示什么信息、如何展示，取决于听众是谁。创业者可以画一个用户故事来展示，也可以让真实用户使用原型来引导听众，或者仅展示原型效果图当中的一小部分。

原型能够在路演中更好地突出创业者的想法，并让未来的投资人和合作者更加审慎地对待他的方案。这样创业者会对自己的想法更有信心，对自己的沟通能力感到更自信。原型会展示出创业者为之投入的思考和努力，这种投入会吸引别人投资他的想法。

3. 测试和改进

原型主要用来测试和改进产品。创业者应熟知自己要解决的问题是什么，并且拥有解决问题的方法。从利益相关者那里得到指导方向后，整个过程中创业者可以迭代测试小的假设来指导设计工作，而不是用直觉去选择或者只在成品阶段测试设计结果。

万事开头难。一开始创业者可能不确定自己的想法是否值得花时间制作原型和测试，最好的建议就是立刻开始制作原型，如果停滞太长时间，就会有太多假设放在一个原型中去测试。当创业者有任何想法时，就应该立即开始原型设计。把它做出来摆在眼前，进行讨论、测试和改进。

一旦跨过了制作原型的第一个障碍，创业者就可以用直觉去判断哪些假设是有测试价值的。在早期阶段，创业者需要了解和测试用户的心智模型，了解他们感知和理解世界的方式以及思考的过程。任何关于用户理解的具体词汇、分类、使用方式或导航都可以进行测试。测试每个具体变量，以了解是什么困扰着用户，并解决这种困扰。

如果设计的交互非常复杂并且需要了解一定的技术，则需要更频繁的测试，以免创业者对产品产生偏见。有时创业者会对技术和产品过于了解，从而不能和用户对产品产生相同的感知，确保尽早测试界面或产品，并反馈给用户。也许创业者觉得很好理解的东西却让那些以前没有见过的用户感到困惑。

最后，为每个独特的假设做一个原型。假设可以基于可用性、价值或者商业策略。下面是一些例子。

- 用户可以找到通往特定功能的路径；
- 该页面的信息架构非常直观；
- 用户能理解术语和用户界面文字；
- 该产品及其功能值得花时间使用；
- 用户可以使用当前的界面设计来完成产品理想的全部功能。

这意味着原型是一次性的，不能用来测试其他不同的假设。用来测试信息架构的原型就不能用来测试 APP 的整体价值，因为它满足不了测试整体价值所需的交互设计。

虽然丢掉测试过的原型显得可惜，但原型帮创业者完成测试并获得洞察之后，它的目的就达到了。用原型测试想法有助于创造更好的产品，给予创业者方向上的指导。通过原型与用户互动，创业者能洞察他们实际需要什么，而不是去猜测他们需要什么。创业团队也能从接收的用户反馈中受益。

4. 倡导

利用原型及从原型测试中得到的洞察来对体验提出改进，或者用它来支持产品方向或重点的改变。当创业者和产品经理、利益相关者以及一个大的开发团队一起工作时，非常有必要向他们展示设计背后的价值而不是仅向他们展示视觉效果，在展示中要充分应用销售话术。简而言之，用户的体验越好，产品的市场推广和实用性就越高，用户购买或使用该产品的可能性越大。改善体验的最佳方式是倡导基于用户测试结果来改进界面或产品。

5.1.3 原型的保真度

选择保真度级别是创建原型的关键部分。保真度意味着原型的外观和行为与最终产品的近似程度。原型不一定要看起来像最终产品——它们可以有不同保真度。原型的保真度是指它如何传达最终产品的外观（也就是指它的细节和真实感级别）。

原型制作过程通常从低保真度开始逐步提高保真度，直到大部分假设都经过测试，得到证明或修正。在这个过程的早期比在晚期做出的原型更多，而随着想法变得更加精炼，原型数量会变得越来越少。创业者需要确定哪种保真度适合正在测试的假设。如果原型的保真度过高，用户会下意识地认为设计已经"完成"，只对细节给出反馈，而不关注广泛的概念。如果一个原型的保真度太低，用户可能不理解上下文，然后迷失方向。在制作原型所需的时间和精力以及从特定保真度测试中获得的价值之间也存在平衡，如图5-5所示。通过选择适当的保真度，如图5-6所示，或者创建混合保真度的设计，针对设计的重点以及原型的目标，创业者将节省时间并获得所需的适当反馈，从而改进想法。

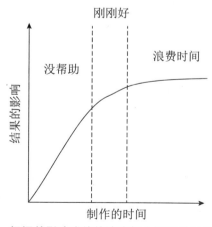

图5-5 根据其影响或价值决定投入原型的时间和费用

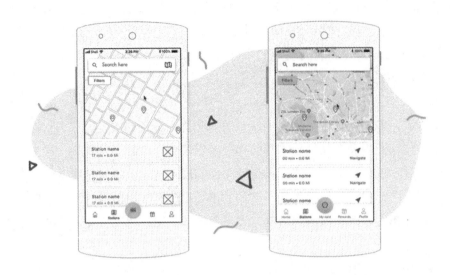

图 5-6　低保真度（左图）和高保真度（右图）

（图片来源：包图网 ibaotu）

1. 低保真原型

低保真原型设计是将高级设计概念转换为有形的、可测试物的简便快捷方法。它最重要的作用是检查和测试产品功能，而不是产品的视觉外观。

低保真度原型最适合测试核心概念，克服最初的恐惧，思考许多想法并在潜在问题变得无法修复之前将其捕获。这种原型看起来不像最终产品，它使用不同的媒介，拥有不同的尺寸，通常不考虑视觉设计。

低保真原型是最简单和最便宜的原型，并不需要太多时间或技能来完成。例如，纸张原型、电路构建、故事板、线框、情绪板、草图和组件原型都属于低保真原型。低保真度原型的目标是测试基本的、大的假设，包括用户流程、信息架构（标签、导航布局和基本组织）和用户心智模型。通过这个粗糙的原型，用户可以专注于产品的整体使用和流程，而不需对产品的外观给予反馈。

例如，在研究网站的初始信息架构时（网站的组织方式，特定用户使用的术语以及如何以最直观的方式对标签进行分组），可以使用卡片分类，给用户一套卡片，其中包含所有的导航页面和名称，指导用户以自认为最佳的方式组织卡片。卡片分类活动可以了解用户的心智模型，因为每个人的组织方式都不一样。卡片分类活动只需花费很少的时间、材料和精力去完成，不需要交互界面去测试。借此可以了解很多关于用户的信息，并改进产品的布局和导航以更好地适应他们。

在卡片分类之后，即可着手创建一个低保真度原型的草拟导航或替代导航的解决方案，并在每个页面上添加少量内容以提供上下文信息。在流程开始时花费少量时间来测试组织假设，可以省掉大量时间和免除后续的麻烦。

1）低保真原型的基本特征

（1）视觉设计：仅呈现最终产品的一部分视觉属性（如元素的形状、基本视觉层次等）。

（2）内容：仅包含内容的关键元素。

（3）交互性：原型可以由真人模拟。在测试期间，熟悉页面流程的设计师就相当于一个"计算机"，实时手动呈现设计页面。此外，也可以为线框图制作交互效果，这种称为"交互线框图"，如图5-7所示。

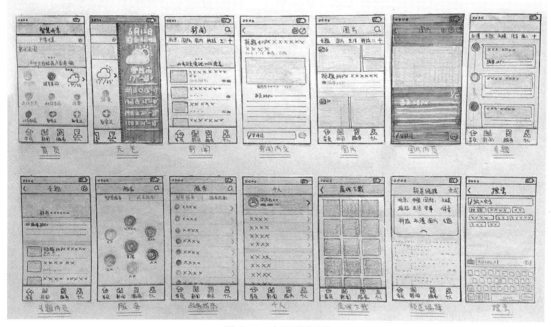

图 5-7　交互线框图

（图片来源：http://www.woshipm.com/pd/802603.html）

2）低保真原型的优点

（1）设计低保真原型可以节省很多时间。创建一个可交互的原型要花费很多时间，而制作静态的原型就能省下很多时间，从而设计更多的页面、菜单或内容。

（2）测试阶段更容易对设计进行改动。设计师可以快速绘制新的相应界面，在测试过程中擦除或修改现有设计中的内容，而无须像在设计动态原型时担心该怎样重新搭建跳转的链接。

（3）低保真原型可以让测试用户更放松。如果用户知道参与测试的是尚未完成的原型，他们会更加放松地参与测试，也更容易提出改进意见。

（4）低保真原型更改起来不会有太多压力。相比于投入了大量精力设计的精美原型，设计师改动草图原型更没有负担,如果某项设计倾尽了创业团队的时间和汗水,要推倒重来从心理和时间成本上都比较难以接受。

(5)股东和高管会明白项目还没彻底完工。如果大家看到的还是较为粗糙的原型,也就不会对成品抱太高期待。与此不同的是,如果原型设计得非常完善,高管可能会很快下定论:"这个做得很不错了,马上投向市场。"

2. 中保真原型

中保真度原型至少在一个方面开始看起来像最终产品。它们在成本(时间或其他)和价值之间取得了很好的平衡。中保真度原型开始将视觉设计、交互、功能和最终媒介结合在一起。例如,可点击的原型、风格面板、Axure 原型、编码原型以及各种电子原型,这些都属于中保真原型。

中保真度原型应该用明确、细致的假设来测试。例如,用户可以体验特定任务的整个流程。对于智能对象,这种原型比低保真度原型需要更长的时间,但可以开始测试更详细的交互部分。用户将在原型本身中拥有更多的上下文,这将为测试提供更多合理的结果。

中保真度原型能展示更详细的概念,这在与无法正确理解低保真度原型的利益相关者沟通时非常有用。中保真度原型是制作时间和制作精度的良好平衡。利用这种保真度级别,利益相关者不用想象产品在现实生活中的外观,但也能大致了解设计的方向。

3. 高保真原型

高保真原型的外观和功能尽可能与发布的最终产品接近。当团队要深入了解产品的预期,需要与真实用户一起测试,或获得最终设计批准时,通常会创建高保真原型。它们是经过视觉设计的,并且用物理材料或浏览器代码的最终媒介来承载。这些原型具有真实的内容,大多数用户流程也可以与之进行交互。例如,几经打磨的智能电子产品、编码应用程序或设计完整的数字体验。最好使用此原型来测试诸如用户对体验、动画或动作的总体反应、字体大小的易读性、长期耐用性或最终按钮的大小等小细节。高保真度原型的制作需要花费更多的时间,也需要更高的技术水平和相应的软件去完成。

1)高保真原型的基本特征

(1)视觉设计:逼真细致的设计——所有界面元素、间距和图形看起来就像一个真正的 APP 或网站,如图 5-8 所示。

(2)内容:设计人员使用真实或类似于真实内容。原型包括最终设计中显示的大部分或全部内容。

(3)交互性:原型在交互层面非常逼真,如图 5-9 所示。

2)高保真原型的优势

(1)高保真的原型在测试中对于用户操作有更真实的系统响应。有时,这样的原型会让扮演"电脑"的人员花费更多的时间。用户操作与系统相应之间的延迟太长会打断用户的进程,让他们忘记之前做了什么或是预计会看到什么。

不过,这样的延迟也给了用户额外的时间去学习原型界面。因此,在高保真的原型中,可用性测试的参与者会比在其他场景中留意更多的设计细节、获取更多内容信息。

(2)高保真的原型能确保进一步测试工作流程和特定的用户界面部件(如下拉菜单、折叠菜单等),以及一些图形元素,如图片的可供性、页面的层次结构、分类的易读性、图像的质量及效果。

(3)高保真原型对用户来说更像是真实环境下的软件。这意味着测试的参与者更容易在测试中表现得更加自然,就如同他们真的在操作一款成品软件,而不像是和草图原型进行交互,对于即将出现的页面没有明确的预想。

(4)高保真的原型可以让创业者集中精力关注测试本身,而不是关注接下来该怎么进行。所有人都无需担心测试能不能正常运作。

(5)高保真交互原型测试不太容易受人为错误的影响。在静态原型中,扮演"电脑"的测试人员会有较大的压力,有犯错的可能性。例如快速操作、压力、紧张、密切关注用户的操作、浏览一堆文件等都会让"电脑"感到紧张,导致在测试中出错。

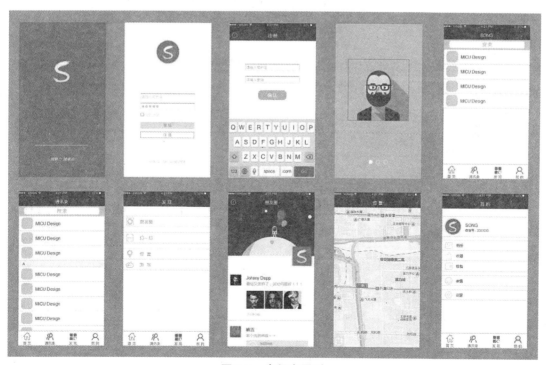

图 5-8　高保真原型

(图片来源:http://www.woshipm.com/pd/802603.html)

图 5-9 高保真交互式原型

一般产品团队会根据原型设计的目的、设计完整性和可用资源来选择原型的保真度。高保真原型与低保真原型的对比如表 5-1 所示。

表 5-1 高保真原型与低保真原型对比

	高保真原型	低保真原型
交互性		
可点击链接与功能菜单	有，且大多数或全部功能可点击	没有，相关设计都不能真实交互
对用户操作进行响应	有，原型中的链接都能通过相关设计工具实现相应（如：InVision，PowerPoint）	没有，界面都是通过测试者扮演的"电脑"实时操作呈现的
视觉效果		
视觉效果真实，页面设计元素和大小最优	有，图样、间距及布局都非常符合成熟产品的要求（即便这个原型还是在草图阶段）	没有，只有少量设计元素看起来满足成品的要求（例如只有黑白框架的线框图，用单张纸画出多个界面的分解图等），元素和空间布局也几乎没有进行优化处理
内容与层次结构		
完备的内容和结构	有，原型中包含了最终成品应该具有的所有内容（例如关于产品的介绍、相关的文本和图片等）	没有，原型只包括一些简略的内容或示意图

5.2 原型的制作流程

不同的目的会决定不同的原型制作流程,而这个流程也会因目标、受众和假设的不同而发生变化,如图 5-10 所示。

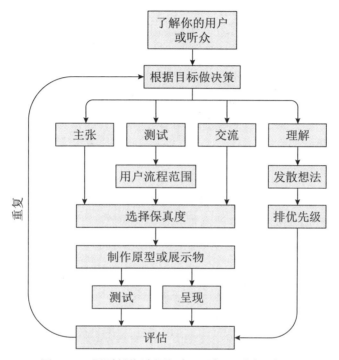

图 5-10 原型制作过程取决于目标、受众和假设
(图片来源:《原型设计:打造成功产品的实用方法及实践》)

依照这些准则选择合适的原型制作流程:

(1)在尝试制作原型时,不知道首先应该做什么?——尝试制作一个"最小可用原型"。

(2)原型的目的是为一个问题发散不同的解决方案?——创业者的流程会聚焦于探索。

(3)用原型来沟通或引导一个确定的方向?——创业者需要关注一群特定的受众。

(4)创业者有问题或假设要测试吗?——创业者的流程会聚焦于假设。

建立目标和聚焦点会让创业者的原型更落地,制定出一个范围让制作原型更轻松。

5.2.1 最小可用原型

最小可用原型是用最少的工作量制作原型的一个普遍方法。

1. 明确用户并识别用户的问题

例如,一位刚刚进入职场的年轻女性,她需要经常出差,她有一只狗,也雇了一个遛狗人,但她还需要经常登录软件去看她的狗。她有一些昂贵的智能设备能让她看到狗并与之互动,但她必须手动登录、打开摄像头并寄希望于此时狗能在镜头中。她有以下痛点:昂贵的设备、手动登录、不保证每次打开摄像头都能看到狗。

有很多不同的方法来解决这个问题,一个可选的方案是在狗吃饭和喝水的地方旁边装一个带有动作感应器的低清摄像头,高低和狗身高差不多。当狗经过的时候摄像头自动拍照并发送给用户,不需要她下载APP和手动登录。但是,如果用户想进行更多的设置,她可以下载相应的APP,通过APP可以调整摄像头的角度以及和狗互动。

2. 写出解决问题的用户流程

当用户、问题及解决方案都准备好后,就可以制作用户流程来确定方向了。用户流程指用户完成目标的过程,可以把流程写出来,制作一个图表或将它画成故事板。如图 5-11 所示是一个购物网站结算流程,如图 5-12 所示是一个微信验证码登录流程。

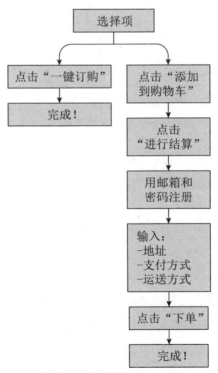

图 5-11 购物网站结算流程

图 5-12　微信验证码登录流程

用户流程图可以帮助决定原型制作及功能的范围。如果痛点只存在于注册流程，那么原型不需要覆盖全部功能，可以从制作原型、测试和改进注册流程开始。确定工作的范围和优先级，可以节省大量的时间并且快速地观察实际的结果。如果想控制影响用户体验的变量，可以将原型分离为小的模块进行测试，然后再将它们整合至完整的产品中进行测试。这个界定范围的练习对电子产品非常有用，它能保证每个模块在整合之前都是可以运行的。

如果用户流程没有明显的范围，那么就去寻找那些还没被探索过的假设（可能所有的都还没被探索），然后决定哪个是最重要的、需要优先测试的假设，如图 5-13 所示。确定优先级的一种方法是问问自己："如果这个假设是错误的，它会不会让产品不可用或者卖不出去？"挑选那些如果验证错误就会导致整个产品失败的假设作为开始。

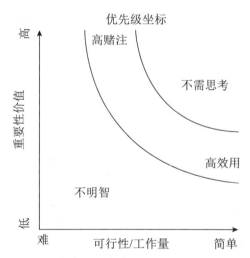

图 5-13　根据需要测试的假设的价值、测试时间、费用来决定优先级

3. 通过原型优化用户流程

做好流程图、线框图后可以着手制作原型。此时，需要选择最适合的原型保真度。在早期阶段需要使用低保真度原型，随着想法变得更加明确，需逐渐提高原型的保真度。可以选用纸上原型、编程、可交互原型、带有芯片的原型或者单元测试原型这类中保真度原型。

1）优化交互方式

交互方式的优化可以从两个方面来入手：减少用户点击次数和降低操作难度。让用户在更少的点击次数下完成操作，其实就是提升信息的录入和反馈效率。一些最新技术可以帮助我们实现这个目的。

如图 5-14 所示，在绑定银行卡的时候，一些产品为用户提供了拍照识别卡号的功能，用户就不需要手动输入卡号。这样可以减少用户的点击次数，而且还降低了用户手动输入错误的风险。此外，还有一些指纹支付、刷脸登录等生物识别功能，这些新技术的应用可以极大地提升用户的交互效率。所以设计师对新技术的持续关注是非常有必要的。

图 5-14　通过新技术可以优化交互方式

也可以采取一些措施降低操作难度。以前用户想删微信好友，会从底部弹出一个对话框确认一下操作，但是新版的"确认操作"直接在原消息栏展示，如图 5-15 所示。其实改版前后用户的点击次数都是一样的，但是新版的反馈具有更强的指向性，用户的目光（注意力）不会发生转移。

图 5-15　通过降低操作难度优化交互方式

2）减少场景转换

创业者在为一个任务绘制流程图的时候，应该避免让用户跳转过多的页面，因为多跳转一个页面就意味着多流失一部分用户，就像漏斗一样，如图 5-16 所示。比如有两款烹饪教程软件，这两款产品都支持第三方登录，而且登录后都要求用户绑定手机号。但是产品 B 为用户提供了"跳过"按钮，用户可以选择不绑定，所以产品 B 的用户流失量要低于产品 A，如图 5-17 所示。

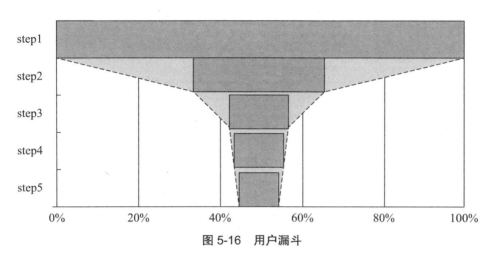

图 5-16　用户漏斗

图 5-17　软件对比

4. 测试、存档、重复

使用者体验（user experience，UX）设计软件的负责人 Christopher Bank 发表在媒体公司 The Mext Web 上的一篇文章提供了测试最小可行性产品（minimum viable product，MVP）的 15 种好方法，如表 5-2 所示。

表 5-2 测试 MVP 的 15 种方法

方　　法	详 细 介 绍
1. 用户访谈	就想法和假设向用户寻求验证；请用户对重要性排序
2. 登录页（网页）	价目表、联系电话、用户搜索及登录统计
3. A/B 测试	开发两版网页，测试哪版更受欢迎
4. 投放广告	尝试投放可以精确计数的网站广告，测试点击率、转化率等
5. 筹款（众筹）	测试用户的支付意愿；接触对产品有兴趣的用户
6. 产品介绍视频	用视频演示介绍产品，触发消费者付费意愿
7. 碎片化 MVP	利用现成的工具和服务做产品的功能演示，如 Groupon 用 Worldpress、Apple MailApple 和 Script 网站订单手动生成格式文件
8. 软件即服务（software as a service，SaaS）和平台即服务（platform as a service，PaaS）	用现有的框架或者目录快速搭建出 MVP，如 aWS、Heroku、Mongo DB、Mixpanel、Mailchimp 和 Google Forms 等
9. 博客	在目标群体中验证自己的想法
10. 虚构 MVP	人工模拟真实的产品或服务，让消费者感觉他们在体验真实的产品
11. 贵宾	向特定用户提供定制化的服务，模拟真实服务或产品，如 Rent the Runway 服装租赁服务
12. 数码原型	用实物模型、线框以及原型展示产品功能，模拟使用情况
13. 纸质原型	与数码原型类似既可以是剪切画，也可以是在纸上手绘的框架
14. 单一功能 MVP	在开发 MVP 时，只专注于某个单一功能，避免用户注意力被分散
15. 预售页面	类似于众筹，帮创业者找到潜在客户，吸引购买

创业者是否从用户的反馈中总结出一些模式？假设是否已经被验证？是否有一些创业者没有想到的新洞察冒了出来？带着这些洞察返回最初的用户和问题，思考如何提升产品体验。重复这个流程，根据用户测试结果重新制定一个假设列表，制作另一个原型。

5.2.2 以探索为中心的原型制作

以探索为中心的流程是指花更多的时间发散想法，花少部分时间制作原型，通过交互的方式而不仅是通过草图或线框图去思考，目标是找出正确的问题，在过程中做出有根据的决定，想出解决问题的方法以及设定清楚自己的位置，以便在以后的测试中基于这些决定或方法制作出不同版本的原型去测试和交流。这个过程处于项目一开始还没做出很多决定的阶段，因此，该过程是开放的。

1. 发散多个解决问题的方法

用便利贴、马克笔或其他方式快速画出、写出解决方案，每张便利贴画一个方案然后贴在墙上。有些方案看起来很浅显，而有些看起来很疯狂。把所有看起来浅显的解决方案拿出来，这样就可以得到一些易于完成的方案，并且可以将它们变得更有创意。再把想法贴在墙上让所有人看见，创业者会从那些看起来疯狂的想法中寻找灵感。

这个思维能力练习可以独自完成，也可以和团队一起完成。当一群人在一起，可以互相借鉴想法。把便利贴作为讨论的起点，并用"是的，还有"去营造积极的讨论氛围，而不是用否定他人的方式，这种方式会让每个人在产生和分享想法的时候感到舒服，因为每个人的想法不会立即被否定。

也可以通过其他的"便利贴"软件来远程合作，如 Mural、Post-it Plus、Stormboard，确保全员参与，包括设计师、开发人员和商业伙伴。大家安静地在"便利贴"软件上分享想法，然后讨论和回答问题，产生更多想法。

2. 聚合类似的想法，创建分类

当墙面或软件内的空间写满想法，或其他参与者产生想法的速度变慢时，就可以将相似的想法放在一起，这个过程叫作亲和图。将相似的想法归类会提示创业者产品的大方向，并且也可以利用一些很具体的想法制作原型，创业者也不要丢掉分类中比较独特的想法。相反，寻找较优方法中的共同点，然后尝试去优化那些独特的想法。团队可以用便利贴或圆点来投票决定哪些方案对用户是最好的，或者针对得出的解决方案进行研究探索，帮助团队向前发展。

在头脑风暴的过程中，追踪听到的假设，并在之后的用户访谈中验证这些假设。创业者可能会听到"用户需要这个功能"或"用户会用这种方式使用产品"，创业者需要核实这些观点是来自用户调研还是团队成员的直觉。在项目的早期阶段，这是一个获知用户现存问题、找到额外的痛点或相反痛点的好机会。通过验证假设的有效性，创业者会更有信心解决问题。在深入开发产品之前，创业者需要了解正确的问题是什么。创业团队的想法尽量保持一致，以免产生后续问题。

例如，假设某创业团队正在为摄影师开发一款新的社交 APP，某团队成员认为用户最主要的用途是发布照片。但是，当深入测试原型时会发现，其实原型用户的主要用途是观看和购买他人的图片作为灵感来源。用途的不同会改变设计用户流程的方法。如果把之前团队成员的观点作为一个假设，团队就会开展用户研究去确定或否定这个想法，而不是等原型阶段才发现问题。创业者应尽早进行小规模测试，这是最省钱省时的一种产品设计方式。

3. 根据优先级确定方向

原型制作中包括多个方案时，可以通过投票选出最好的方案，也可以跳过此流程。这些思考是为了重新审视最初为用户找到的问题，看看它们是否是合适的、正确的问题。是否还有其他对用户影响更大的问题？是否有更容易执行且对用户更有影响力的解决问题的方向？创业者的解决方案是否与初始的预期完全不同？

如果团队没有参与头脑风暴过程，创业者需要与他们共同讨论以上这些问题，以帮助团队决策和推进项目。记录文档是以探索为中心的工作方法的必要组成部分，在测试了最高优先级的想法后，如果创业者需要其他不同方向的解决方案，可以参考记录文档，确保团队可以查看和学习之前完成的工作。

5.2.3 以受众为中心的原型制作

用于通信的原型制作过程特别强调谁是受众以及创业者想传达的内容是什么。该过程可以在整个产品开发过程中用于在不同的时间点与不同的人沟通，该过程的目标是明确创业者正在设计的内容，以便通过评审，获得反馈，在决策或实施上保持一致。

1. 确定创业者的受众、目标和保真度

在项目中，会有很多受众和目标。思考要和谁沟通以及沟通的目的是什么。和设计师沟通获得反馈？和利益相关者沟通获得设计认可？和客户沟通推销产品概念？和开发人员沟通解释最终的设计效果？了解观众的背景，了解他们对产品的熟悉程度非常重要。每一类受众都需要创业者为他们设定具体的上下文，帮助他们了解创业者的想法。

1）确定受众

设计师能提供很好的反馈、支持、批评和想法。从利益相关者那里获得设计方向的批准，检查进度并确认业务需求得到满足。需要通过客户来确保创业者工作的方向。在整个设计流程中征求开发人员或工程师关于可行性的意见，并将最终设计决策传达给他们，他们可以据此来开发产品。

2）确定目标

创业者的目标可能是确定设计决策、获取具体的交互反馈或者以更易于理解的方式展示功能。如果创业者的目标是从其他设计师那里得到反馈，而不是同利益相关者确认设计方向，创业者可以制作很多不同的原型。通过这些原型来沟通并进行设计决策。需要注意的是，一次只选择一个目标和一个受众，否则创业者获取到的信息将会非常混乱。

根据受众和目标使用不同的沟通语言和视觉风格。和设计师沟通时，创业者可以随意一点，但同样要设置上下文并说明创业者想要获得的反馈是什么。否则，当创业者想要讨论导航流程的时候，会陷入诸如讨论字距这类设计细节中。对于利益相关者和客户，创业者需要使用商业术语进行交流，包括上市时间、独特价值主张、设计任务在实际中

的价值、可衡量的数字指标等。对开发人员来说，创业者需要讨论框架、代码库、性能预算以及在哪里提交软件等问题。

3）选择原型的保真度

（1）根据想要的反馈选择不同的保真度。例如，利用低保真度向设计师获取概念和想法的反馈，利用高保真度获取设计细节的反馈。

（2）利用低保真度让利益相关者了解设计概念、用户流程，利用中高保真度就具体的方案达成一致意见。在此过程中，创业者需要制定正确的期望值并展示创业者在流程上进行至哪一步，还会继续做哪些工作（如视觉、交互或布局）以及在下次展示时创业者会做什么工作。中保真度原型通常是最好的选择，因为它可以表明创业者的工作处于正在进行中的状态。

（3）通过中高保真度原型使客户能更真实地了解产品设计概念，展示设计的产品如何与客户已经拥有的产品配合使用。中保真度原型能实现与客户的交互，高保真度原型让客户了解产品的视觉效果是什么样的。持续设定期望值，同时向他们展示未来设计走向的原型。

（4）开发人员和工程师能够理解低保真度原型，但是最好用中高保真度原型来获取可行性反馈，这样他们可以更好地理解代码或工程实现的难度。高保真度对讨论最终设计是非常有必要的，因为开发的相关工作会通过高保真度原型来展现。

2. 用什么来达到目标

在此流程需要决定原型中包含什么，是否需要某种功能，最基本的可点击的线框图是否足够，是否需要表达具体的、复杂的细节或总体方向。如果向设计师收集反馈，就不需要整个用户流程图，仅展示创业者需要获得帮助的那一部分即可。创业者可以从流程本身或者从 APP 或产品的体验中获得反馈。利益相关者或者客户需要设计审核，所以必须展示大部分用户流程以及产品的完整体验。这样，他们对设计方向以及创业者做的决定会有更好的理解。

对于开发，创业者需要锁定那些假定可行但尚未确认的产品部分。通过动效与开发人员沟通数字产品，用传感器输入和输出展示物理产品会更有效。确保这些部分都包含足够的细节，防止后面的设计为开发人员或工程师制造"惊喜"。

3. 向受众展示原型

演示原型的最好方式是"故事"。在演示原型开始时提供产品的使用场景，让受众知道创业者的目标是什么。演示过后，对收到的反馈进行记录。虽然并非每一条评论都会有用，但应仔细查阅每个人的想法，寻找能够帮助创业者推进项目的试金石。达到目标后，带着洞见开展下一步工作。

5.2.4 以假设为中心的原型制作

以假设为中心的原型是以优化想法和产品为目的而进行测试的原型。它可以基于猜想、问题或假设。有时候假设会很宽泛，如用户可以通过 APP 来完成任务达到目标。有些时候假设会非常具体，如用户可以整天佩戴一个新的智能设备而不觉得被打扰。

这个过程所需要的时间主要取决于保真度的高低和测试假设所需的交互。所以，也许可以在一天内完成两轮迭代测试，也许需要花费整个冲刺周期或更多时间才能制作出要测试的原型。

1. 确定用户、用户面临的问题以及需要测试的假设

与其他流程类似，从明确用户及问题开始，然后根据用户流程或之前的原型设计结果，写出在这一轮中关注的假设，以此来持续制作原型。如果创业者有太多的假设，或者假设之间互不相关，创业者就可以把这个过程分解为多个原型，以便每次专注于一个方面，各个击破。

2. 根据假设和所在的产品开发阶段选择保真度

选择保真度看上去很棘手，但它会帮创业者在设计流程中为原型奠定基础。可以在流程最开始、流程过程中或靠近发布时间时进行测试，但最好尽早进行测试，以免最后不能做任何改动。假设的具体类型也将决定保真度，类型包括内容、导航、全流程或个人任务等。

总体而言，在设计流程的早期，比如在做导航、用户流和常规功能等大概念设计时，可以选择较低的保真度，将重点放在术语、流程、布局和基本交互的反馈上。此后，随着内容的增多，或者智能设备变得更复杂，可以制作更强调细节的高保真度原型，这些细节包括用户理解、任务的完成和视觉设计，如表 5-3 所示。

表 5-3 保真度级别取决于测试假设的范围和类型

保真度级别	低	高
关于…的假设	• 大概念 • 导航 • 术语 • 用户流程 • 基础功能 • 用户是谁	• 完成任务 • 用户理解 • 高保真导航 • 视觉设计细节，如图标和文字 • 文字内容

3. 决定测试类型

根据假设和保真度级别来选择测试类型。大概念假设会用"卡片分类"或"点击次数"等来测试低保真度原型。如果对特定的交互有多种想法，可能需要进行 A/B 测试，制作同一个原型的多个版本。如果是测试 APP 或智能硬件的功能，则需要进行基于任务的测试来看看用户是否按照创业者认为的方式完成任务。

测试类型和原型的保真度相互影响,就像鸡与蛋的关系。随着原型越来越多,创业者会对两者如何相互影响产生直觉。当创业者决定进行哪种类型的测试时,先花几分钟时间制定一个研究计划。研究计划从测试的假设和目标开始,然后通过一些问题的设置得出需要的用户类型概况,最后检查需要用户做的任务和一系列问题。在制作原型之前或在制作原型的过程中编写研究计划,确保可以用正确的功能和页面来测试特定的任务。

4. 构建原型

当确定了保真度的高低、制定好了研究计划,就可以着手制作测试原型。本轮制作完测试原型之后,就不太可能使用与之前相同的原型,特别是如果创业者需要基于洞察反复改变设计。不要太留恋用户测试完的原型,那些从用户测试中获得洞察的原型一旦完成了使命,就可以被扔掉了。

5. 测试原型

聚集必要的人员和工具进行测试。至少需要一位协助者在创业者向用户提问时帮创业者做笔记。在获得用户许可后,可以使用相机或屏幕录制来记录他们与原型的交互情况,以便后续回顾访谈、记录或作为向利益相关者展示的证据材料。

在测试中,尽量不要过多引导。如果用户偏离"成功路径"(或偏离完成任务的预期方式),也不要过快纠正他们。创业者可以从他们预期会发生的事情中获得洞察,保持中立的态度,不要给予口头确认或引导。即使存在答案,也不要让用户觉得有正确或错误的答案,因为创业者可以从他们倾向的交互行为中学习。创业者可以向用户提出后续的问题,如"你期待发生什么?""你喜欢和不喜欢这种体验的哪些方面?"。测试结束后要达到的目标是让用户全面地讨论体验。

至少确保4~8人参加测试。这个数字给创业者足够的信息识别模式,但如果模式未能显现,或者不同的用户有不同的反应,则再添加几个测试者以进行确认。在测试结束后,汇总所有笔记,并将它们分组为"类似的关注点"或"用户共有的问题",审阅每个类别并找出洞察的信息。创业者如何解决出现的问题则需要讨论解决新问题的几种不同方法,并用新的原型和研究计划来重复整个过程,以便测试新的假设。

如图5-18所示的A、B分别代表老版本和新版本方案,新用户对新版本的评价明显好于老版本,而老用户则对两个版本的体验没有差别。这可能是因为老用户对老版本的信息结构比较熟悉,而新用户在体验老版本的时候需要更多的学习成本。在得到两个指标的数据结果后,我们可以看到新版本优于老版本。但是新版本究竟好在哪里,新版本有什么缺点,哪些地方还有改进空间,要回答这些问题还需要定性分析用户的根本需求,对方案进行优化。

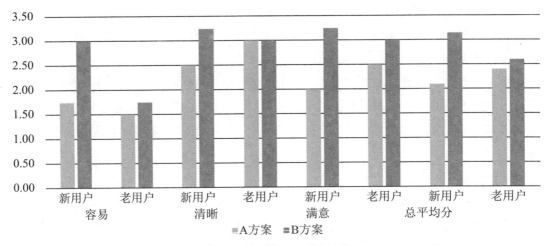

图 5-18 某软件 AB 测试结果

5.3 原型测试

一般来说,产品验证就是用户的小规模调研,即把生产出来的产品原型让用户实际使用,看看是否可以满足用户的需求。其实早于产品原型阶段也可以做验证,如在需求分析阶段的需求验证、在产品构想阶段的验证等。

扩展阅读

原型测试

一般越早的验证成本越低,出错后损失也越小。而且早期验证还有一个额外的好处,那就是早期验证其实是试探用户的过程,很多产品还没上市就已经收获了很多意向订单,就是因为产品早期验证做得好。

从最简单的视频验证到后期的众筹、产品原型、公测等有很多选择,每种选择的投入和风险不同,创业者需要结合自己项目的特点,选择最适合的验证方法。

一般来说,产品开发初期的验证成本较低,但目标针对性不一定很强;后期验证投入会增大,但相对测试的用户也比较精准。

5.3.1 明确 5W(why、when、where、who、what)

5W 具体包括从测试中想要验证什么问题或得到什么结果、用什么方式进行测试、计划在什么场景下测试、寻找什么用户参与测试和被测试的内容是什么。

如果创业者已经拥有一批特约用户,可以邀请他们参加测试。如果创业者一位特约用户都没有，应立即开始物色。如果是企业级产品，同类产品的展销会是寻找目标用户的好去处，可以发布广告，征集测试者。征集要求可以写得笼统些，事后打电话给感兴趣的应征者，了解对方的意向，进一步筛选合适的测试者。如果是大众产品，可以邀请自己的亲朋好友参加测试，但要避开过于亲密的人和科技行业的从业者，除非他们就是目标用户。另外，测试者不能只局限于亲友。如果有用户的电子邮件列表，可以从中筛选测试者。营销团队可以帮助创业者缩小名单范围。可以通过公司的网站征集志愿者，主流网站都采用此种方式。但还是需要打电话联系并筛选应征者，避免参加测试的全是产品尝鲜者。

较大的公司可以定期开展原型测试活动（比如两周一次），每次邀请 10～20 位测试者参加。让所有产品经理自己申请时段，安排每位测试者参加测试一两个原型。安排专人邀请和筛选测试者，以免产品经理为此分心，产品团队也可以定期测试原型，不用为寻找测试者操心。

所以，离开公司，到街头巷尾去，到用户聚集的地方去。开发电子商务产品，应该去大的商品卖场寻找测试者；开发体育产品，应该去运动场。如果产品真的能解决用户的需求，让他们花点时间测试产品是没问题的，可以送些礼物表示谢意。

5.3.2 测试前的准备工作

确定可用性测试的内容，并拟出问题，就产品的价值向测试者提问。

1. 事先拟定好测试内容

测试项目通常不难确定，比如，如果产品是电子邮件客户端，用户必然要完成写邮件、读新邮件、归档邮件之类的操作。所以，应该着重测试主要项目——用户大部分时间执行的操作。那些不那么重要的项目，可以等时间富余时再测试。

2. 了解测试者未接触产品原型之前如何解决产品要解决的问题

如果待测产品是点评餐馆服务的网站，先不要让测试者登录产品原型的页面，只提供空白的浏览器，看看他们会怎么做。他们会访问哪些点评网站，他们习惯按地点、菜式，还是按价格来搜索。原型设计多少有些假设的内容，直接让测试者使用原型，就无法获取这些宝贵的信息。如果略过这一步，可能会留下隐患。使用过原型后，测试者虽然可以告诉创业者希望怎样改进现有产品，但无法再像初次访问网站那样思考问题。

3. 观察测试者能否从原型首页看出产品要解决什么问题

哪些地方最能吸引他们（对他们有价值），首页的设计极大地影响着实际使用效果与用户期望之间的差距。

4. 通过聊天进一步收集信息

通过与测试者聊天获取测试者对产品原型的评价。比如，询问用户是否使用过同类产品或网站，是习惯借助网络解决这个问题，还是另有解决办法，原型是否比用户常用的产品好，用户有多大可能性向朋友推荐这款产品。

5. 为每个问题的答案打分

为每个问题的答案打分，或者让测试者用数字来回答问题，以此记录每个阶段产品原型的表现。比如询问测试者愿意出多少钱购买产品（或服务），哪怕产品上市后并不打算直接向用户收费。用打分的办法便于跟踪记录产品原型的总体表现，为完善产品设计提供参考。

6. 先测试主要项目

不必等完整原型完成后再测试，可以先测试主要项目，即使某些功能空着也没关系。如果测试者遇到功能上的死胡同，问问他们"接下来希望发生什么"。测试者试用已有功能前，也可以问这个问题，看看实现方式与测试者的期望是否一致，这样往往能获得宝贵的建议。

5.3.3 测试环境的选择

测试环境应与正式环境和真实使用场景高度相似，保证测试过程不会受无关环境的干扰，保证测试者的真实使用情况。

1. 正规的测试实验室通常会配备单向透明镜和闭路监视器，并配有多个摄像机同时拍摄用户和电脑显示屏幕。有这些设备固然好，但如果没有也一样可以开展测试。创业者也可以选择公开场所测试，从某种意义上讲，这比专业实验室更好，因为在这种环境下测试者会更放松，回答问题更坦诚和开放。

2. 用户的办公室也是上佳的测试场所。去用户的办公室搭建测试环境或许要花些时间，但即使只呆半个小时，也能获得宝贵的信息。因为用户在"自己的地盘"更放松、更健谈。熟悉的办公环境可以让他们充分展示日常工作中使用产品的习惯。此外，观察用户的办公室可以了解许多信息：他们的显示器有多大、电脑的处理能力如何、网速大约是多少、他们如何与同事沟通等。

3. 有些工具支持远程测试，尽管可以看到用户的鼠标动作和点击内容，但无法观察用户的表情和肢体动作，而这些通常包含着重要的信息。一般来说，测试越多越好，但面对面的测试是不可替代的。

4. 设计师应亲自参加每次原型测试，不能委托他人，尽可能多地与用户接触，观察他们使用原型的反应。即使把测试外包给专业测试公司，设计师也要亲临现场。因为设计师更有经验从测试者细微的犹豫、困惑、疑问中看出问题，判断测试者是否明白如何使用原型，而第三方收集的测试结果难免会遗漏这些信息。

5. 在理想的情况下，应该安排一个人主持测试，另一个人记录，主持人控制测试进程。当然，这并不是必须的，如果只有创业者和测试者两人，加上一台笔记本电脑，也可以开展测试。

5.3.4 预测试

如果时间比较充分，产品相关人员最好再进行一次预测试，进而可以及时调整不如意的地方。

5.3.5 正式测试

让用户在测试环境中，按照写好的脚本执行，这一步的重点是将问题放入场景中并让用户完成，同时记录相关用户，以及产品团队发现的问题。

测试最好是面对面进行，毕竟原型还不是真实产品，需要面对面地观察用户是如何操作的，面对面询问用户的评价和想法，这样才能更好地把握用户的使用逻辑习惯以及产品可能存在的问题。当然，是否能够面对面测试，还需要看招募用户的情况，有时候可能很难在本地找到用户，尤其对于 B 端产品来说，用户范围比较局限，并不是想找什么样的用户就能找到什么样的用户。如果不能面对面进行测试，至少可以通过诸如视频会议的方式，让用户通过投屏的方式，展示他操作原型的习惯，提问而没有操作的话，测试效果会大打折扣。

针对每一项测试任务，先向用户介绍新方案的想法，看对方是否接受。如果不接受，则追问为什么，以及用户有怎样的诉求或建议；如果接受，那就让用户把原型看作真实产品，并在原型上操作功能。当然，这要看创业团队制作的原型是否能够进行真实的交互，如果有资源，最好把与测试任务有直接关系的界面、交互动作都按照真实产品的样子制作出来。如果没有交互动作，那可以让用户分享希望如何去操作。

在测试过程中，鼓励用户随时提出不清楚的地方和相关建议。这样可以让用户更深入地参与进来，把自己看作新产品的真实用户，以便获取真实的用户反馈和需求；如果创业者先一步步操作给用户看，再询问用户的评价和感受，一方面对方的参与感没有那么强，另一方面也可能会出现"一说就会，一做就废"的情况，获取的用户反馈也可能不是真问题、真需求。

5.3.6 结果分析

若是按用户研究的正规流程，测试之后，就要撰写测试报告了。原型测试的目标是要快速验证概念和假设，尽可能花最少的钱来验证产品是否会有市场。这意味着，不仅原型要快速输出，测试结果也应当快速输出，以确保能够及时向产品团队提供结论，快速决定是否需要按照该方案进行；如果不可行，便及时停止，转而尝试另一种方案。

因此，在进行原型测试时，每完成一名用户的测试，应当输出该名用户的测试结果总结，并与产品、设计和开发团队共享。一方面可以让该项目的相关利益方持续了解测试进展，可让他们有效地卷入项目中，有助于之后的团队协作沟通；另一方面也可以为最终的结果输出做好铺垫，加快结果输出速度。等全部用户测试完成后，再把之前做的每名用户的结果总结稍微整合下，就可以输出完成的测试结果。

当然，交付物可以不用 PPT 的形式，毕竟做 PPT 还是比较花时间的，可以使用 Excel 或者 Word 文档的方式来整理输出结果，让整个测试变得快速敏捷。

对结果进行统计、整理与分析。记录下来的测试用户反馈即产品团队疑问，可以在以下主要的 7 个方面进行统一的分类整理：测试任务的完成度、致命错误、非致命错误、任务完成时间、用户主观情绪、用户建议、用户偏好。

原型测试，最终是要帮助产品团队做出合理的决策，推动产品的优化。因此，完成测试后，一定要基于测试发现，和项目团队进行有效沟通。每测试一名用户后要写结果总结并共享给项目团队，这种方式的作用就是通过这种持续的结果输出，让项目团队重视测试用户的反馈，让大家都更深度地参与测试过程中，这也为测试结束后的讨论沟通作好铺垫，让测试结果能够真正支撑决策，推动产品朝正确的方向发展。

5.4 产品发布

产品发布是让更好的产品更快地到达用户手中，让研发成果为用户创造价值。产品发布由标准的渠道经理和渠道专员进行落地执行安排，由专业的测试发布人员完成。如果只是一款单纯无须数据埋点也无广告结算的产品，只需要规划新版本发布的顺序及时间。但如果产品涉及数据，尤其是多方结算数据，那么这些版本都需要带有渠道号，还要考虑首发及相关更新推广上的计划。

5.4.1 产品发布前

在这个阶段，产品经理需要审核产品真正引入市场的各项工作是否都已准备就绪，就要开展必要的市场测试，以评估所提出的营销战略的有效性。在这个阶段，产品经理必须了解全部利益相关方，并清楚他们对各种信息的需求。除此之外，客户服务必须准备就绪，以解决各种咨询问题并处理订单；技术支持人员需要接受专门培训；分销渠道也要事先了解该产品或服务的独特要求。

1. 市场测试

产品测试就是把产品放在真实的环境中，去发现并解决各种可能存在问题的过程。

这些测试应确定产品的可行性，但并不一定就获得了产品上市的最好办法。此时，也许有必要对产品发布战略（而不仅对新产品）进行市场测试，或模拟市场测试。试销可以帮助评估产品定价是否合理、所发布的信息是否合适，以及分销战略的运用是否恰当。当然，从资金和时间的花费上看，试销的成本确实比较高昂，而且这样做相当于向竞争对手通告了自己的产品发布战略。因此，试销只能在非做不可的情况下实施。

在典型的市场测试中，产品经理要选择一个可能成为产品目标市场的具有代表性的区域，在此限量销售产品。在这里需要做出的关键决定包括：有多少个测试市场、都是哪些市场，以及该测试要持续多长时间，很多公司选择能够代表目标客户的两三个市场。"很好地代表"是指能够保证该区域重要的人口变量比例与整个市场大体相同。测试的时间长度要根据不同的产品类型而有所差别，有些需要 6～9 个月时间，有的甚至要持续长达 2 年时间。因此，购买周期的长短是需要认真考虑的因素，理想的测试至少要持续两个购买周期。

2. 了解可能发生的意外情况

很少有产品的发布不会出现意外，因此创业团队需要审视每一个步骤，看看是否有什么疏漏。创业团队首先要在产品发布前制定一份检查清单，以确保不偏离目标和再次确认产品发布的准备情况，如表 5-4 所示。

表 5-4 产品发布前检查表

	是/否	意外情况
产品现状检查 • 它是否实现最初设想 • 它是否符合市场的要求 • 是不是存在更好的竞争产品		
产品包装 • 包装是否方便储藏、使用和运输 • 包装是不是提供了顾客友好型信息		
监管机构许可与监管标准 • 是否已经获得国家、政府和行业的许可 • 能否提供合规及其功效的证明		
系统准备情况 • 是否已经可以处理订单和账单 • 是否已经完成生产试运行		
服务与技术支持 • 基础设施是否已经准备就绪 • 质量保证合同是否已经准备完毕 • 服务项目是否已经确定 • 是否有备用零部件、替代品、升级工具		

续表

	是/否	意外情况
物流情况 • 是不是有将产品实物运到客户所在地的流程图		
营销决策 • 是否遵循市场定价政策 • 首次展示工作流程是否已计划就绪 • 营销沟通是否充分		
营销支持工作 • 销售与客户服务培训是否已经结束 • 发布事件和活动是否已计划完成 • 相关材料是否已经准备就绪		

创业团队要对产品现状进行检查。最终产品与最初的设想不完全一致的情况时有发生，要确定这个产品是否仍能提供其预先设定的功用。确保清楚了解该产品最合适的目标市场。如果自计划开始实施以来，市场或竞争对手的情况发生了变化，那么就有必要确认产品是否仍具竞争优势。

很多产品，尤其是消费品，其包装是消费者与产品最先接触的部分，因此，创业者一定要确定包装是否恰当。例如，20世纪90年代晚期，用于降低胆固醇的立普妥上市，被认为是药品市场发布的最成功案例。公司把部分原因归功于该药品包装中所准备的各种文献资料，在产品包装内放入文献资料，把立普妥与它的每个竞争产品进行对比，比较它们降低胆固醇和甘油三酯的效果。团队用了大量比较型的促销材料，甚至一直持续至产品发布之时。对于卫生保健行业的多数产品而言，获得监管许可非常重要，产品如果没有获得许可，则可能导致其推迟发布。如果该产品面向全球市场发布，则可能需要分别获得不同国家的许可。因此，必须从生产、技术支持以及其他运营团队核实系统的准备情况。

最后，还应核实营销的准备情况。定价政策，包括分销商折扣安排以及内部转移定价安排，均应准备就绪。首次产品展示战略应制定完毕，也应确定各个市场的先后问题。广告团队（不论是内部的还是外部的）应在发布时准备好适当的营销沟通信息。销售支持团队，其中包括培训、启动大会、各种竞赛、短期激励、支持材料等，也必须准备就绪。

3. 产品发布准备文件

除了前面讨论的产品发布之前的检查清单外，其他准备性文件也很重要，以下四种需要认真对待：市场与产品介绍、重要活动图表、支持产品发布的营销战略、附有控制计划的早期指标图。所有这些文件都引导着产品的发布以及早期的商品化过程。

1）市场与产品介绍

市场与产品介绍是产品发布的重要组成部分。市场情况介绍应界定由理想客户组成的目标市场，并尽可能运用多种细分变量进行分析。同时，要解释客户会购买本产品的理性与感性的原因。解释客户决策与购买流程，有时候还需说明购买决策的影响人员（如守门人、使用者等）的作用。问题在于产品经理列出了所有可能购买该产品的市场，企图证明市场对很多应用与用法的热情程度。但如果仅仅声称产品能解决世界上所有问题，且人人都是潜在客户，只会招致销售人员的白眼和冷嘲热讽。突击销售法不仅浪费资源，而且会让销售力量过于分散。

2）重要活动图

重要活动图会列出各项重要工作，并明确完成日期，如为产品发布购买设备、确定包装设计、获得法律许可、专业化劳动的分包以及准备用户手册。这些工作中每一项都可能包括多个步骤，而且项目不一样，重要性也有所不同。考虑各项工作先后顺序的时候，同样需要考虑它们对产品成功有什么影响。例如，电子产品或高科技消费品要获得成功，其技术文件的表述必须非常清晰。客户总是在复杂世界中寻求简单，不巧的是，正如《商业周刊》的一篇文章中所说，"帮助我们使用电子产品的多数手册不会运用直白语言"。重要活动图的格式可以是一个简单的清单，列出各项活动及其日期，也可以是更加正式的项目时间表和控制技术图，如甘特图和计划评审技术图。

3）支持产品发布的营销战略

产品发布材料中有关营销的部分应该详细描述品牌、包装、定价、广告和有关事项。和年度产品计划一样，新产品营销计划首先应设定目标，比如把当前客户的25%转变成2.0产品的用户，并增加25%的试用用户。然后实施营销策略和实现既定目标。

4）附有控制计划的早期指标图

产品发布文件的最后一部分内容是确定发布成功与否的各项早期指标。早期指标指的是诸如客户咨询次数之类，能帮助预测或表明产品发布成功程度的各种结果。例如，以往历史表明，30次客户咨询通常有一次会转变成真正的销售，这样一来，跟踪客户咨询数量就能得出预测未来销售量的早期指标。其他早期指标还包括为销售新产品所做的客户访问次数、愿意销售该产品的分销商比例、市场知名度、零售商举办的现场促销活动数量等。了解清楚各种早期指标之后，接下来的工作就是为每个指标设定时间目标，然后列出指定日期结束之前应实现的结果。因此，产品经理不需要等最终销售数据出现，就能够比较各种真实和预期的表现。

准备好产品发布文件，产品就已经进入了发布阶段。值得注意的是，产品发布之前的阶段，可能需要开展销售培训，当然也可以把培训当作产品发布过程的一部分。

4. 时间安排

不论是与竞争情况有关，还是与季节或行业事件有关，时间安排都是新产品成功的重要因素。如果竞争对手可能进入市场，产品经理必须决定是在竞争对手之前、之后还是同时进入市场。先入者往往享受各种好处，但如果因匆忙进入而导致产品缺陷，结果可能更有破坏性。

加入竞争的时间安排，可抵消竞争对手潜在的先发优势，并可能让市场份额增长得更快。在竞争对手之后进入市场，则可以利用竞争对手的缺陷及其培育市场所带来的好处。如果产品是季节性或周期性的，或者其成功要依赖于它在重要"新产品"贸易展上亮相的话，时机选择也极其重要。

时机选择需要考虑新产品对公司产品线中其他产品可能会产生什么影响。在对其可用性有重要作用的部件齐备之前就发布产品，时机显然不够成熟。同样，发布替代产品也必须选择合适的时机。如果渠道中存在大量存货，可能需要把新产品推迟至所有旧产品出售之后再进行发布。但是，市场上既没有旧产品也没有新产品的话，推迟发布会冒市场真空的风险，可能为竞争对手空出一段时间，实现其潜在优势。此时，计划一个重叠期，运用定价策略或渠道战略来差异化替代品，并最小化因新产品导入而导致销售收入减少的情形。

5.4.2 产品发布中

新产品开发过程的下一个阶段就是产品发布，即把新产品最终引入市场。

1. 销售人员培训

任何时候都要尽可能地了解客户和潜在客户的情况。为销售团队提供的信息越多，对他们销售新产品的激励也就越大。要与销售团队成员紧密合作，为其提供有助于销售活动开展的各种信息，准备各种"销售方法"手册，探讨客户、用法，以及销售人员在拜访客户时会被问到的各种有用问题。一定要确保客户服务部门时刻准备好通过内部新闻邮件、非正式和正式会议以及各种通告的形式进行充分的沟通。

引导性营销战略详细规定各种定价策略、基础价格和选择定价，新闻发布以及产品公告，针对精选客户的直接邮件和电子邮件发送，装运策略与步骤，渠道和终端用户沟通，以及为销售团队或客户开展培训。销售培训尤其能帮助销售人员销售产品，而不是简单地把产品抛向市场。

值得注意的是，成功的发布并不能"拯救"内在品质不佳的产品，但好的产品却会因为不成功的产品发布战略而受损害。

2. 营销沟通

新产品发布的信息与媒体战略和营销沟通的很多共同问题应一起实施。如果可能，公关活动和宣传应作为新产品沟通战略的第一步，并先于发布之日开展。产品差异化特征越明显、越独特，公共关系的重要性也就越大。公共关系是指公司为赢得媒体关注度而实施的活动和事件，包括开放参观、游览参观、演讲，以及各种资助活动，但并不局限于这些活动。媒体发布有关这些活动的信息，以及发表文章和新闻稿，就是宣传。

实施促销沟通，必须强调产品的主打优势，用优势主导市场促销沟通活动。因此，必须认真思考以下问题：创业者的产品（服务）能为潜在客户做什么；如何做到这些；为什么它比竞争产品更好；要让创业者的说法更加可信，需要提供什么证据；如果潜在客户对新购买产品不满意，他们能怎么做。注意：第一个问题明确各种好处，第二个问题指出提供这些好处的特征，第三个问题则表明这些优势。

5.4.3 产品发布后的评估活动

产品发布阶段之后（或期间），有些类型的项目评估活动就应结束。这一阶段的主要目标是改进未来的产品开发，而产品也从新产品状态过渡至需长期维护的在售产品的状态。有时候，由于产品没有实现预期情况，就可能需要重新发布产品。是否需要再次发布产品，可能已在早期指标中体现出来。如果产品勉强可以接受，则可能要改变营销战略，以使产品能真正获得成功。

除了对新产品进行评估之外，还有必要对新产品开发过程进行评估。未来改进的最好方法，就是把成功和失败的项目进行比较，把创业者的见解记录下来，就能增加其他新产品获得成功的概率。

5.5 产品迭代

5.5.1 什么是产品迭代

产品设计的一个重要原则就是结果简单而过程不简单，这个过程体现着迭代优化。迭代是从项目的草稿版本开始，一直到最终版本结束。迭代并不是不断增添功能，不是看哪个功能好就增加至自己的产品中，而是根据需求不断进行优化。迭代设计就是选择后坚持选择的过程。

以往进行产品设计时常采用瀑布模型，即先定义需求、构建框架、写代码、测试、发布产品、维护，直到最后一天发布时，大家才能见到一个真实的产品。瀑布模型明显的缺点是当设计师对用户的需求判断不准确时，之前的工作将会被浪费，也不会得到客户的认可。

迭代亦称为原型模型，迭代设计的方式和瀑布模型截然不同，假如一个产品要求六个月完成，设计师在第一个月就会拿出一个产品来，当然这个产品会很不完善，会有很多功能还没有添加进去，漏洞很多，但客户看了以后，会提出更详细的修改意见，这样，设计师就知道自己距离客户的需求有多远。之后再花一个月，在上个月所作的需求分析、框架设计、代码、测试等的基础上进一步改进。就这样，产品在功能上、质量上都能够逐渐接近客户的要求，不会出现花了大量心血，直到最后发布之时才发现根本不是客户想要的产品的情况。

当然产品迭代设计也存在缺陷：周期长、成本高，但是在应付大项目、高风险项目（如航天飞机的控制系统）时，迭代的成本比项目失败的风险成本低得多，所以用这种方式有明显优势。

5.5.2 迭代设计的过程

产品迭代设计要经历三个独特步骤的不断循环：规划、测试、评估。这三个核心元素构成了产品迭代设计的基本过程，如图 5-19 所示。

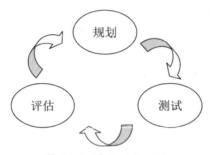

图 5-19 产品迭代设计

1. 规划

规划是产品迭代开始前的必经阶段，可以先制作一个产品原型，使其快速落实想法，成为用户可以看到、感知到的产品模型。

有一些低技术要求的方法支持设计师快速创建原型，如纸质原型设计法，它只需要纸和笔就能呈现产品原型的必备元素。使用纸张测试无疑是一种更快捷和实惠的方法，它还能为设计师节省更多周转时间，尤其是在反馈分析和功能落实这两个方面。

创建好原型之后，就可以开始测试，或者规划好想测试原型的某个环节。每次仅锁定产品中的某一部分，可以让迭代过程更加顺利。

2. 测试

产品迭代设计过程的第二个阶段就是测试原型。从理想化的角度来说，测试团队最好是由未介入该产品开发的人员组成。因为开发团队对自己的产品早就"驾轻就熟"，所以很难再提供有价值的批评性建议。如果要搜集真正有价值的反馈信息，最好是让其他人员来执行测试。

测试人员可以反映出产品设计所存在的正面与负面情况，为了最大化测试过程的价值，并从中搜集更多有用的反馈信息，可以考虑设计一份简单的调查问卷，其中内容要与产品改进的方向有关,让测试人员在测试结束后记录下自己的反馈结果。但需要注意的是,这些问题的设计不可存在误导性,不能让这些问题左右测试人员的想法。

3. 评估

迭代设计的第三个步骤就是评估从测试人员的反馈结果。开发团队可以由此搜集与当前产品设计相关的数据,并判断哪些环节需要改进。在这个阶段要做好心理准备,有些测试人员可能会在设计师看来非常简单的环节上纠结。如果遇到这种情况反复出现,这只能说明设计本身存在问题,需要找到新的解决方案。

以上三个步骤循环往复,构成产品迭代设计的过程。在重复产品迭代过程的时候,要规划出可能只有一两处经过调整的新产品设计版本,再寻找新用户来测试产品,收集并分析新数据,判断调整是否生效。要对每个测试结果进行评估,并针对下一个迭代过程改造产品。

5.5.3 迭代设计的原则

早期"阶段性"的流程方式为产品开发和设计带来了无尽的"返工"和低质量设计。往往前一个阶段的细节失误,就能导致后一个阶段的彻底垮工。"阶段性"的流程方式无法做到"多团队同时协作",导致低效率越来越凸显。于是针对"产品更新快""迭代频繁""多团队协作"等特性的产品设计流程开始被采纳使用。

1. 从 0.0 到 1.0

一个产品从无到有,除了核心的不可或缺的功能之外,其他所有的功能都可以暂且搁置,去掉所有与核心功能无关的幻想,不要幻想用户会怎么样,而是要用最简单的方式获取首批目标用户,然后根据监测数据:使用时间、新用户增加量、增加的时间、老用户活跃的时间段、时长、使用最多的板块等进行分析,才能规划 2.0 版本。

2. 从 1.0 到 2.0

有了第一批用户之后,在很短的时间内就能看出产品在市场上的反应。继续扩大用户量,提高产品的活跃度、下载量、订单转化率等符合对应类型产品应该达到的目标。但要注意尽量不改变老用户的习惯,尤其是功能的位置、图标的样式和交互流程,要让新用户容易融入。从使用场景着手,一个刚注册的新用户必须能轻松使用产品。

3. 从 2.0 到 3.0

升级至 3.0,产品已经相对成熟,各大板块和功能已经不会再有很大的改变,不论用户多少,至少此时的产品已经是一款用户认可的产品了。针对 3.0,不同的产品有不同的标准。以垂直社区电商为例,当达到 3.0 的时候,产品应该已经实现盈利功能,不用靠低价来促成订单,按照百分比来计算,注册用户应该占据目标用户体量的 10% 左右,月活跃用户数量占注册用户总量的 60% 以上。

4. 从 3.0 到 4.0

此阶段要基于数据进行设计和规划，更重要的是产品运营和技术问题。迭代的过程是一个考量的过程，需要考虑开发的节奏、用户反馈、产品定位、产品开发前后的顺承关系和面对市场需要的策略和战术。最重要的还是要问自己要做什么，要有一个贯穿整个迭代过程的思维逻辑。

5.5.4 设计师如何推动产品迭代

当下产品迭代的速度非常快，作为设计师应该更加重视产品的迭代过程。一般产品快速迭代过程中有理解目标、解决方案、验证结果三个要素，迭代的过程会出现节奏快、效率低、结果差三个结果。很多产品因为这样的循环在迭代中化为泡影，所以，设计师在产品的迭代过程中就显得尤为重要。

大多数设计师，通常会因为感受不到产品所带来的成就感而对产品失望，失去兴趣，导致创造力丧失，同时可能会忽略过程中自己的成长，设计师也会变得极其被动。所以，一个好的设计师不仅应该明确自己的目标，还要知道目标又分为四个维度。

1. 明确目标是什么

通常设计师习惯于将转化率、留存率、活跃度、PV、UV、安装、卸载等数据看成产品的目标，然后分解至设计任务中，对应设计的目标，最后量化得出设计的最终结果。设计师最终需要理解的是所处项目的业务目标是什么，找到源头才不会出错。对应设计师，就是要弄清楚设计方案是为了解决什么事情。设计师容易出现一个问题，即错把"最终解决方案"当作设计的目标，而这里的"事情"是最终的业务目标。

2. 明确为谁设计

"以用户为中心设计"，在实际工作中很少有设计师可以真的做到，其原因在于很多设计师还无法做到"设身处地"。很多设计师不知道"为谁设计"，这个谁不仅仅包括用户，也可能包括生产者、销售者等。明确"为谁设计"对设计师而言的重要性体现在设计之初就有了一个对象，同时在脑海里呈现出画面，这是设计师通常具备的能力。在实际的工作中经常遇到一种情况：我清楚地知道要为哪类用户设计，但用户使用的场景却是碎片化的。这时有个很好的办法，即"用户反馈"，它是一个高效了解用户的途径，只要将有效的用户反馈整理归纳出来，进行分析，在某些时候甚至可以帮助找准方向。

3. 制定优先级

在制定优先级的过程中，设计师通常最为被动，因为产品的迭代需求由产品经理拟出，开发和测试人员评估风险，运营人员评估对其增长是否健康，设计师则根据制定的需求对应出设计方案。

所以，理解目标不能仅仅停留在指导设计，更为关键的是在迭代过程中如何制定出优先级。根据优先级合理安排工作，才能更为高效地产出。

当然，也可以将每个设计任务进行细致拆分，对应出哪套方案解决核心目标、哪套方案解决次要目标，这样不仅可以让设计有理可循，提升设计过稿的概率，还可以根据确定的优先级自主推动产品向前。

4. 聚焦

当设计师置身于一个快速迭代的产品中时，聚焦极其重要，即聚焦最关键的任务。如果太过于追求细节，往往陷入一个分支，忽略了全局。

很少有设计师可以让产品首次出炉就成为毫无瑕疵的完美作品，只有经过严格的测试和对核心理念的调整，设计师才会发现当前设计的不足或者可取之处。这种循环性的反复试验过程就是迭代设计的基本原则。在设计的每个阶段，设计师要根据准确的反馈信息执行可用性测试和持续优化。正是这种基于测试的调整让迭代设计成为产品开发的一个有效方法，它让产品开发者快速鉴别问题所在，通过反馈信息逐步优化，让产品真正"贴合用户"。

思考题

1. 什么是产品原型，如何制作原型？
2. 产品原型的保真度选择的标准是什么？
3. 产品原型测试有哪些方法？
4. 产品如何迭代？

第6章 设计商业模式

学习目标

1. 了解商业模式的定义；
2. 掌握商业模式画布的九大模块；
3. 了解"互联网+"时代商业模式特点、众筹商业模式；
4. 熟悉商业模式画布的使用方法和商业模式设计步骤。

案例导入

从"平安好车主"的发展历程看商业模式运用

平安好车主是平安产险旗下一站式车服务平台，是平安产险个人客户服务的核心载体，致力于为全国2亿私家车主提供车服务。从2014年至2020年8月底，好车主通过客户协同效应发起了一系列基于业务活动的商业模式互补组合，同时客户协同效应的发展提高了商业模式组合之间的依赖性。截至2020年8月底，好车主APP已超1.1亿注册用户，以2 800万月活用户，位居移动应用榜单汽车工具类应用第一。

2014年9月，平安产险上线第一个平安好车主APP版本，历时6年发展布局，以用户为起点，联合汽车产业链上下游资源，实现了从单一的车险服务向出行服务平台延伸，其多元化业务主要包括车险服务、养车服务和出行服务三类。

随着加入好车主APP的C端用户（车主用户、购车者和代驾的统称）越来越多，随之而来的企业客户（市场服务供应商统称），如4S店和汽修厂商，进而随之增加。例如，2015年11月，众安保险和平安联合发布保骉车险，同时依托平安线下理赔服务能力，为客户提供场景式服务体验。2016年8月，好车主APP通过上线车主商城向C端用户提供汽车保养业务，进一步吸引更多C端用户和企业客户加入好车主APP。在一站式效应和网络效应的循环作用下，平安持续构建了整个车后市场的闭环生态。2019年7月，二手车电商一号车市与平安产险就检测师责任险签订协议，2019年8月，汽修服务商兔师傅与平安产险达成合作，共同发力汽车维修、车险、二手车等项目。2020年1月，平安银行与平安产险联合推出的好车主信用卡，随着持有信用卡的C端用户越来越多，成为好车主信用卡的签约企业客户大量增加，而一站式效应中企业客户的重叠又进一步强化了C端用户与企业客户的网络效应。

平安好车主的案例呈现出了平安好车主在不同时期打造的多边市场，其中C端用户从好车主平台引进的各类车后市场商家中获得了优惠的车险、养车、修车、卖车等一站式的车生活服务，企业客户获得了线上的超大规模流量，有效降低了车后市场企业的获客成本，而企业客户的增加又进一步吸引了更多 C 端用户流量，如此的良性循环就体现了商业模式运作的巧妙所在。

（案例根据《长袖善舞：基于需求方战略的客户协同效应与商业模式组合——平安好车主案例研究》整理形成）

6.1 商业模式画布

6.1.1 商业模式

管理学大师彼得·德鲁克说："当今企业之间的竞争，不是产品之间的竞争，而是商业模式之间的竞争。"这句话充分说明了商业模式的重要性。

1. 商业模式的定义

"商业模式"的概念早在 20 世纪 50 年代就有人提出，随着社会的发展，在 20 世纪 90 年代，"商业模式"才真正得到重视。那么，我们如何定义商业模式呢？

商业模式是企业整合资源和能力，进行战略规划，以充分开发创业机会，并实现利润目标的内在逻辑。商业模式并不是简单的企业盈利方法，而是一整套完整、系统、高效、具有独特核心竞争力的企业运行系统。

2. 商业模式的设计原则

所有成功的商业模式都要遵循一些共同的原则，形成一种"通用语言的语法规则"，这些原则是对商业模式定义的延展和丰富，包括了客户价值最大化原则、持续盈利原则和不断创新原则。

1）客户价值最大化原则

企业凭借自己的商品和服务来满足消费者的需要，并在此过程中实现自己的盈利，能否盈利以及盈利的多少是以满足消费者的程度为基础的。一个能不断满足客户需要，甚至能最大化满足客户需求的商业模式，即便暂时没有实现盈利，也一定能赢得消费者并最终实现盈利。相反，那些只顾自己赚钱不考虑客户实际需求的经营者一定都不长远。所以，大学生创业时任何创业项目首先都应当把满足客户需求、将客户价值最大化作为追求的目标。

2）持续盈利原则

持续盈利是企业延续生存的途径，也是企业的最终目的。于是，判断商业模式成功与否的外在标准就是模式能否帮助企业实现持续盈利。一个好的商业模式不仅要解决赚钱的问题,更要解决在合法经营和持续发展中不断盈利的问题。这需要大学生们克服短视、积累诚信,避免"一锤子"交易的心理。

3) 不断创新原则

成功的商业模式不是一成不变的。在这瞬息变化的世界,不断创新是一家企业进步的灵魂。创新不一定仅指技术上的创新和突破,这一点对于很多初创企业的大学生而言很难做到,打造新的商业模式或是在原有商业模式的基础上进行改造也是创新。对于商业模式而言,也许需要对原有模式进行解构、重组,甚至对整个游戏规则进行颠覆,也许只需要改造某个环节,从而实现商业模式创新。此外,大学生还要明白,过去成功的模式未必一直有效,商业模式只有保持不断创新才能成为真正成功的模式。

6.1.2　商业模式设计工具——商业模式画布

1. 商业模式画布的来源

商业模式设计是一个复杂系统的过程,对于想要创业的大学生来说,是否有一个便捷的、易于理解的、视觉化的工具可以使用呢?"商业模式画布"是一个很好的选择。

商业模式画布是指一种能够视觉化呈现的,能够帮助创业者催生创意、梳理商业逻辑、合理解决问题的思维工具。商业模式画布来源于亚历山大·奥斯特瓦德(Alexander Osterwalder)、伊夫·皮尼厄(Yves Pigneur)的《商业模式新生代》一书。书中提出的商业模式画布是一种用视觉化的方式来描述、评估以及改变商业模式的通用语言。因其实用性和操作便捷性,受广泛创业实践者的推崇。

2. 商业模式画布的九大模块

商业模式画布由九个基本模块构成,涵盖了一个商业体的四个主要部分:客户、产品或服务、基础设施以及金融能力。画布可以方便地描述和使用商业模式,来构建新的战略性替代方案。简单来说商业模式画布就是描述商业模式的框架,如图6-1所示。

商业模式画布的九大模块分别是:客户细分、价值主张、渠道通路、客户关系、收入来源、核心资源、关键业务、重要合作、成本结构。

了解了商业模式画布的构成后,可以通过头脑风暴法,将自己的想法用便利贴或海报的形式呈现在画布上,把九大模块梳理好后填在画布上,理顺每个模块之间的逻辑,一个初步的企业商业模式就可以呈现了,如表6-1所示。接下来就是按照步骤继续设计、更新、完善商业模式。

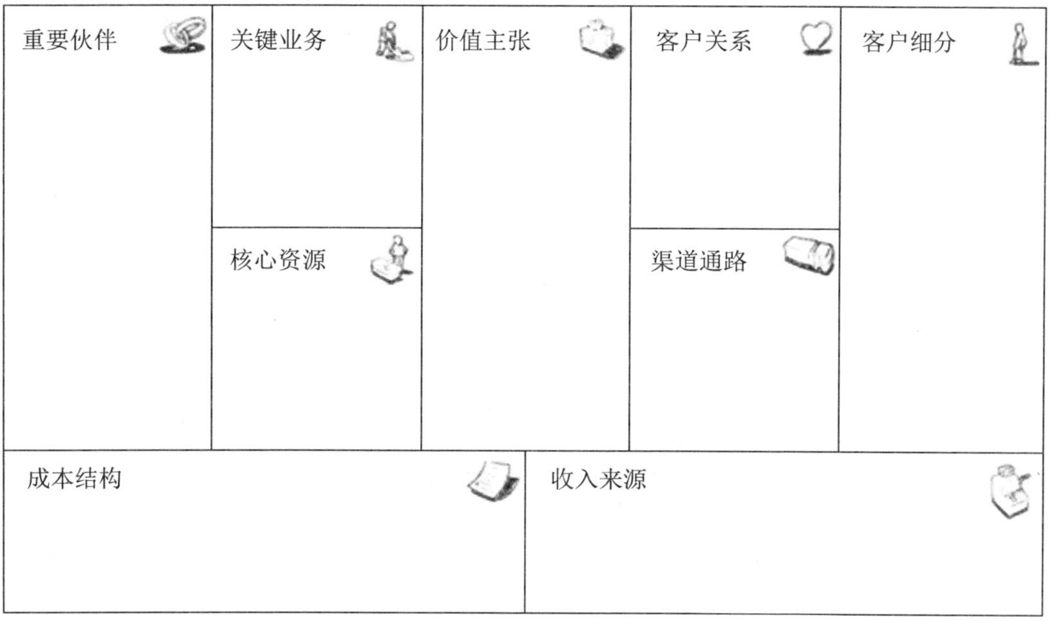

重要伙伴	关键业务	价值主张	客户关系	客户细分
	核心资源		渠道通路	

成本结构	收入来源

图 6-1　商业模式画布图示

表 6-1　商业模式画布的九大模块

模块名称	概念说明	设计思路
客户细分 （customer segments）	企业想要接触和服务的特定的一个或多个客户分类群体	我们在为谁创造价值 谁才是我们重要的客户
价值主张 （value propositions）	为特定细分客户创造价值的系列产品和服务	我们要向客户传递什么样的价值 我们正在帮客户解决哪一类问题
渠道通路 （channels）	企业如何通过沟通、分销和销售渠道接触其细分客户而传递价值主张	通过哪些渠道可以接触到我们的客户细分群体 我们的渠道是如何构成的 哪些渠道成本效益最好、最有效
客户关系 （customer relationships）	企业如何沟通、接触客户细分群体而建立的关系类型	我们每个客户细分群体希望与我们建立和保持何种关系 哪些关系我们已经建立 这些关系成本如何 如何把它们与商业模式的其余部分进行整合
收入来源 （revenue streams）	企业从每个客户群体中获得的现金收入	是什么样的价值能真正让客户愿意买单 目前客户付费买单的是买什么 他们如何支付费用 每一个收益来源的收益数额占总体比例多少

续表

模块名称	概念说明	设计思路
核心资源 （key resources）	核心资源是让整个商业模式有效运转所必备的重要因素	我们的价值主张需要什么样的核心资源 我们的渠道通路需要什么样的核心资源 维系客户关系需要什么样的核心资源 收入来源有什么样的核心资源
关键业务 （key activities）	为确保商业模式可行，企业通过执行一些必须的、关键的业务活动，运转商业模式	我们的价值主张、渠道通路需要哪些关键业务 客服关系维护需要什么样的关键业务 收入来源需要什么样的关键业务
重要合作 （key partnership）	为了商业模式的有效运转，一些资源需要从企业外部获得所需要的供应商或合作伙伴的网络	我们的重要伙伴是谁 谁是我们的关键供应商 我们正在从伙伴那里获取哪些核心资源 合作伙伴都执行了哪些关键业务
成本结构 （cost structure）	运营商业模式上述要素所引发的所有成本	我们商业模式中最重要的固有成本是什么 哪些核心资源以及关键业务花费最多

6.1.3 商业模式的设计方法和设计步骤

1. 商业模式的设计方法

虽然商业模式的九大模块在理论上存在一定内在的逻辑，但在创业的实践操作中，可以从其中任何一个模块出发来设计整个商业模式，不同的出发点可能会产生完全不同的商业模式。我们可以从哪些角度出发，运用何种方法来设计商业模式呢？以下介绍六种设计方法：

1）客户洞察

客户洞察方法是基于对客户的彻底理解，积极通过市场调研等方式了解收集客户的需求和意见，并对这些需求进行分类，划分出要听取和忽略的部分，站在客户的角度，思考商业价值立足点。关注新的、未满足的客户细分群体，可能会有新的发现。

2）创意构思

创意构思方法是通过多样化的创意团队，用发散型的思维收集和设计创意，再用聚敛式方法对创意进行评估，从不同的角度来产生针对新商业模式的创意。头脑风暴法是非常好的创意构思工具。

3）可视化思考

可视化思考方法是运用图表、便利贴、框架图和设计草图等视觉化工具来构建和讨论想法，通过可视化工具帮助理解和交流。商业模式画布本身就是一个非常好用的可视化思考工具。

4)问题重构

问题重构的方法基于对客户洞察,针对客户现实的需求,突破现有思维模式,用一种新的方式分析和重构问题。对问题的重构往往能带来与之相应的新的解决方案,而这些方案可以以商业模式的形式呈现。

5)环境分析

环境分析方法是通过分析内外部的环境,清点可利用的创业资源,形成资源地图,为商业模式设计提供参考,提升商业模式的竞争力。商业模式的本质就是不断地通过调动各类创业资源实现价值最大化。

6)情景推测

情景推测方法主要包括两个方面:一是不同背景的客户可能遇到的不同情景;二是未来商业模式参与市场竞争的场景。通过细化设计环境,熟悉商业模型设计流程。

2. 商业模式设计步骤

1)创意产生

创意产生是商业模式产生的基础,一个有创新精神的企业是模式创意产生的温床,一群有创新精神的大学生是模式创意的主人。当然,好的创意不仅是源自灵光一现,更是源自对客户需求的积极回应和对企业发展的不懈追求,善于观察、敏于反思、勤于总结,才会有好的创意产生。

2)结构设计

把创意对象化,让它从观念中走进现实里。这首先需要大学生将创意描述为一个结构性蓝图,包括有完整的组织内外部结构、具体可行的经营理念、操作流程以及各部分的配合方法。其间,大学生可能要在很多具体问题上做出恰当的取舍,不同方案的组合得出的模式是不同的。接下来就是付诸实践,把它变成现实的企业运行。

3)模式运行

当创意变成现实后,让企业在这一新的模式下运行,检测企业的市场竞争力、环境适应能力。此时的企业运行可能不一定顺利,但所遇的所有问题都将对我们后续的改进具有积极意义。

4)评估与修正

通过市场检验,作出横向和纵向对比评估,考察模式的可行性和绩效,判断企业持续盈利的能力与未来发展潜力,并根据实际情况作出相应的修正和完善。

5)模式的规模化

企业将经过运行测试和评估修正的模式发展为企业经营的总体模式。这并不是建立商业模式工作的终结,模式运行的持续过程中都需要我们不断修正和完善。

6.1.4 常见商业模式类型及画布运用

1. 长尾式商业模式

长尾式商业模式的核心是多样少量。该模式关注于提供相当多种类的小众产品，特点是每一种销售量相对较小，但整体销售总量与传统中提供大量的同种类产品所得一样可观。长尾式商业模式要求低库存成本以及强大的平台以保证小众商品能够及时被感兴趣的买家获得。

扩展阅读

商业模式案例分析

2. 多边平台式商业模式

多边平台，也叫"多方平台"，最初是由哈佛商学院在2006年提出的用语。多边平台式商业模式是创建一个场所或平台，将两个或更多独立的、各有需求的群体连接在一起，平台通过促进不同群体间的互动而创造价值。

3. 免费增值式商业模式

免费增值式商业模式就是先利用免费或低价吸引和获得大量用户，再向用户提供收费的附加服务或其他利润点增值的商业模式。此类商业模式注重口碑传播、有系统地搜索营销。

体验活动：用画布找商业模式

以小组为单位，按照画布中的九大构造模块，制作一个九格大海报，再以便笺纸的形式，在每个格子里填充内容。每张便笺纸上写下一个相应的点，直到九大格子里都有可选答案。对便笺纸进行筛选，最后请小组统一一个出发点，按照顺序让便笺纸上的内容互相产生联系，从而形成一套或多套商业模式。

注意运用本节内容，将设计方法及案例带来的启发综合运用于活动中。

6.2 "互联网+"时代的商业模式

6.2.1 "互联网+"时代的商业模式特点

"互联网+"代表着一种新的经济形态，指的是依托互联网信息技术实现互联网与传统产业的联合，以优化生产要素、更新业务体系、重构商业模式等途径来完成经济转型和升级。

"互联网+"理念最早是由易观国际董事长兼首席执行官于扬在2012年易观第五届移动互联网网博会上提出的。他认为"互联网+"是一种改变未来的思路和公式。2014

年 11 月，李克强总理出席首届世界互联网大会时指出，互联网是大众创业、万众创新的新工具。随着"互联网+"时代逐步到来，相应的商业模式有了更新的设计方法。互联网的特性是既可以消除空间上的地理距离，也可以改变信息不对称的主动方和被动方的地位，使消费者的主导地位得以确定。这意味着整个商业从此将由企业主导转为用户主导，用户真正主权时代到来。

与之相应的互联网商业模式就是以互联网为媒介，整合传统商业类型，连接各种商业渠道，具有高创新、高风险、高价值的全新商业运作和组织构架模式。

6.2.2 "互联网+"时代商业模式的创新应用

1. 共享模式

互联网时代为用户提供了更便捷的服务和工具，为资源高利用率打下了基础，从共享住宿、共享单车、共享电动车到共享充电宝，"共享+"模式悄然兴起。共享模式的本质，归根到底是资源的优化配置，让商品、服务、数据以及智慧拥有共享渠道的商业运营模式。

在"互联网+"时代，共享模式主要以移动互联网为载体，利用互联网技术促进信息的高效流通，减弱信息的不对称性，从而使得使用价值的获取更为廉价，也更为方便快捷。共享的对象可以包括汽车、房子、办公室或闲置设备等固定资产，也包括信息、能源、资金等资产。

2. 社群模式

互联网能够拉近人与人之间的空间距离，"互联网+"时代的核心是连接。例如，现在人们可以通过小红书、微博等平台迅速找到有同样兴趣爱好的人，从而形成较为稳定的兴趣社群，通过开展线上甚至线下活动，促进社群成员间的进一步交流。

社群实现了人与人之间最快的连接和高度信任的互联网经济，社群模式以连接一切为目的，不仅仅是实现人的聚合，还可以连接信息、产品、服务等。该模式通过互联网将分散需求聚拢在一个平台上，形成新的共同需求，并形成规模，从而重聚价值。社群将是"互联网+"时代下，未来商业发展的模型之一。

社群的商业价值取决于其所在领域的产业格局与营运模式，社群如何在更大格局的领域、通过多个社群之间的交互跨界演化出动态平衡的商业生态，是所有社群实现商业价值的未来所向。所以，商业社群生态的根本价值是满足社群中消费者多元化、个性化的需求。因此，不是获取更多用户的垂青，而是围绕这群人精耕细作，服务于这群人的衣食住行，形成闭环。未来企业制胜的关键不在于规模有多大，而在于拥有多少用户和社群粉丝。

3. 跨界模式

"互联网+"意味着跨界资源整合，跨界就会迎来变革。跨界商业模式主要体现在交易结构、消费方式、盈利模式和推广模式四大方向上，通过打破传统行业链条，重新洗牌市场实现利益分配。

随着中国经济发展，大众生活水平提高，其物质性需求已得到了极大满足，消费者们追求更高精神层次的满足。过去只靠传统行业经营的单一消费体验已不能满足现在的消费者。因此，实体企业必须转型升级，通过产业的跨界融合，顺应人们消费升级后对场景文化体验的更高要求。

6.3 众筹的商业模式分析

6.3.1 众筹概述

1. 众筹的定义

众筹翻译自 crowdfunding 一词，即大众筹资或群众筹资。众筹历史悠久，早在 1884 年，美国著名的自由女神像的基座就是由一个早期众筹项目来实现的，当时法国赠与美国的自由女神像没有提供基座，于是报刊出版商约瑟夫·普利策从 12.5 万人手中筹集了超过 10 万美元用于完成自由女神像基座。之后随着许多众筹网站的兴起，众筹被越来越多的人关注。

众筹是由发起人、跟投人、平台构成，具有低门槛、多样性、依靠大众力量、注重创意的特征，是指一种向群众募资，以支持发起的个人或组织的行为。众筹一般而言是通过网络上的平台使赞助者与提案者联系起来。在过去，众筹主要被用来支持各种创意项目和活动，如艺术创作、设计发明等。现在众筹的范围更广泛，包含灾害重建、科学研究、创业募资等。

2. 众筹的类型

在构建众筹商业模式时，需要由项目筹资人、出资人和平台三方构成，并且通过众筹这种商业模式，三方各自能够实现价值增长。筹资人提出自己的想法或项目，出资人向其提供资金支持。活动从发起到结束，在众筹平台上实现。

扩展阅读
众筹类别案例

众筹最为常见的四种类型：回报类众筹、债权类众筹、股权类众筹和捐赠类众筹。

1）回报类众筹

以回报为基础的众筹，由投资者在前期对项目或公司进行投资，在未来一段时间里，回报给投资者一件产品或一项服务。

2）股权类众筹

投资者对项目或公司进行投资，获得其一定比例的股权。

3）债权类众筹

投资者对项目或公司进行投资，获得其一定比例的债权，未来可以获取利息收益并收回本金（我给你钱，你之后还我本金和利息）。

4）捐赠类众筹

投资者对项目或公司进行无偿捐赠。捐赠众筹实际就是做公益，通过众筹平台筹集善款，包括红十字会等非政府组织的在线捐款平台算是捐赠众筹的雏形。

6.3.2 众筹的实施路径

众筹的实施路径如表 6-2 所示。

表 6-2 众筹的实施路径

平台式（线上）众筹	非平台式（线下）众筹
依靠独立的专门的众筹平台发起众筹	依靠社交平台自行发起众筹
发起人—众筹平台—参与人（投资人）	在该模式中众筹构造为：发起人—社交平台—参与人（投资人）

6.3.3 众筹的商业模式

1. 众筹平台的盈利模式

众筹平台直接的盈利模式是收取项目的佣金。有些众筹平台会抽取佣金，有些会免佣金。免收佣金可以看成是众筹网站早期拓展市场的手段。

收取了项目的佣金，众筹平台需要对项目提供增值服务，并确保投资人资金的安全性。众筹平台一方面要招揽更多的项目，另一方面需要对上线的众筹项目进行审核。众筹平台的主要功能包括项目审核、平台搭建、营销推广、产品包装和销售渠道的搭建等。在推出项目前，众筹平台要确保项目内容的完整性、可执行和有价值，确保没有违反项目的准则。一般众筹平台对每个募集项目都会设定一个筹款目标，如果没达到目标则众筹失败，钱款将打回投资人账户。有的平台也支持超额募集，在项目筹资成功后要监督项目的顺利展开。众筹平台要不断提升在整个价值链中的价值，成为核心角色，才能不沦为单纯的平台。

2. 筹资人的商业增值

对项目方而言，通过众筹方式进行募资，所获得的价值显而易见。在目前金融管制的大背景下，民间融资渠道不畅、融资成本较高等问题阻碍了微创业的发展，很多微小创业者融资需求迫切，想绕开中间商的盘剥，更多与大众投资人接触。众筹是一种更大众化的融资方式，它为微创业者提供了获得成本更低、更快捷的资金获取渠道。众筹方式有渠道扁平和"低门槛"的特点，无论项目发起人是什么身份、地位、职业、年龄、性别，只要有想法、有创造能力、有好的项目，都可以发起众筹。

筹资人通过众筹平台把大众的微小资金汇集，以获得从事某项创业活动的资金，突破了传统融资模式的束缚，这种依托众筹平台的微创业活动在实现了"众人集资、集思广益、风险共担"的众筹理念的同时，也积累了经验和人脉。项目发起人通过与项目参与人的互动也拉近了与用户之间的距离，不仅降低了产品的市场风险，而且也起到了营销的作用。

3. 投资人的商业增值

民间资本活跃，迫切需要出口。很多"草根"公众投资人希望有更多的机会参与个人或企业的创业过程，成为创业大潮中的参与者甚至主导者，而不再只是旁观者。众筹方式让每个人都有机会成为"天使投资人"。投资者通过不同的众筹平台和不同的众筹项目，获取了自己在产品、股权或者公益等方面的回报，同时也通过与项目发起人及其他项目参与人的互动，积累了人脉。

思考题

1. 商业模式画布的九大模块包括哪些？
2. 你的商业模式与"互联网+"结合后能产生什么奇妙的化学反应？
3. 常见的众筹类型有哪些？

众筹营销模式

第7章 制订营销计划

学习目标

1. 全面理解科特勒营销 STV 三角模型,并理解从 4P、4C 到 4R 的营销理念发展;
2. 能够根据客户购买路径 5A 和营销人员的 10 项行动流程去实施具体产品的销售,达成一定业绩;
3. 初步建立适应当前市场经济时代的商业人格和商业思维。

案例导入

中国汽车的后起之秀——北汽幻速

2015年3月31日,是北汽幻速上市一周年的日子,也是北汽幻速第15万台整车下线的日子。短短一年间,北汽幻速实现了从0到15万辆的跨越,发展速度令人瞠目结舌。

客观地说,北汽幻速进入市场时并不是中国汽车市场的黄金年代,行业整体微增长、产品同质化趋势严重,自主品牌生存状况普遍堪忧。然而,北汽幻速出人意料地从上市开始销量成绩就一路飙升,其秘诀就是市场定位精准,把握住了 SUV 和 MPV 细分市场结构性增长的大趋势。

数据显示,尽管整体市场增长趋缓,但 SUV 和 MPV 市场持续高温,成为新的蓝海,因而,北汽幻速从一开始就瞄准了这两块市场。在 SUV 领域,北汽幻速观察家庭消费者对于大空间、多功能车型的旺盛需求,推出了小型 SUV 双子星北汽幻速。

"五座+七座"的空间组合形式、更为丰富的配置和5万多的起步价,秒杀同级对手;尤其是七座版的北汽幻速 S3,几乎可以算是填补了七座小型 SUV 的市场空白。在 MPV 市场,北汽幻速则一改过去紧凑型 MPV "低价低配、商用为主"的局面,在档次感、舒适性配置和动力系统方面进行了全面升级,使之更加符合宜商宜家、实用性更为显著,从而备受消费者青睐。

(作者根据相关资料编写)

思考题

1. 北汽幻速的具体市场定位是什么?
2. 北汽幻速成功抢占市场的创业之路给了你什么启示?
3. 试着阐述你的创业项目的具体市场定位。

7.1 洞悉行业本质

7.1.1 准确定位自己的行业本质

世界知名企业有一个最大的共同点：它们都能长时间关注自己企业所处的行业，并能准确定位自己的行业本质，持之以恒，不断开拓进取，才有机会最终成为该行业的翘楚品牌。

如果企业在经营过程中不能洞悉企业所在行业的本质，那么一定会搞不清楚方向，最终让生意走入迷途。当企业对行业本质有了更深的理解时，就能够围绕行业本质去构筑自己的品牌和产品的核心竞争力。例如，正确捕捉和定位了自己行业本质的吉列公司，如图7-1所示。

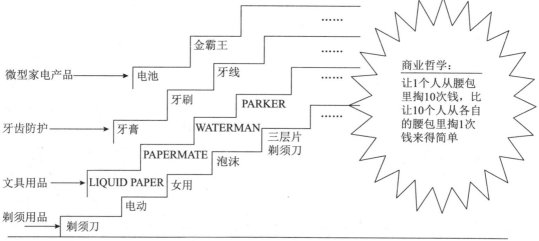

图7-1 正确定位行业本质——吉列公司

7.1.2 创新性构建一个新的行业本质

当自己的品牌和产品能够代表行业本质，或者创新性构建了一个新的行业本质时，企业的品牌和产品就具有了一道无形的光环，这时消费者就会认可品牌价值。

如何创新性构建一个新的行业本质呢？我们可以通过以下六个案例来进一步了解，如图7-2所示。这些公司都是创新成功的案例。

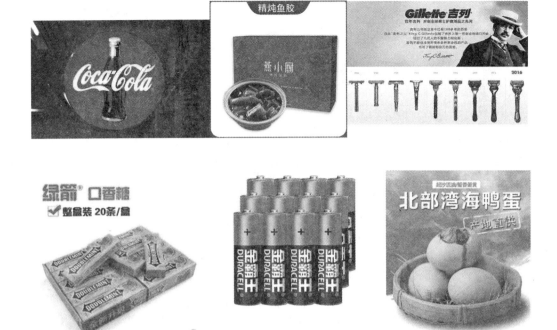

图 7-2　六个创新性构建行业本质成功案例

7.2　市场营销系统及其发展趋势

7.2.1　市场营销系统

完备的市场营销系统来源于菲利普·科特勒的营销 STV 三角模型。

当今时代，绝大多数产品面临的是激烈竞争的买方市场，企业存活和盈利的唯一途径是：进行客户市场细分，发现和发掘消费市场，完成精准的客户市场定位，进而通过满足客户需求、解决客户痛点去获得企业利润。发现和发掘消费市场正是企业营销所需要首先解决的问题。

美国著名营销大师菲利普·科特勒曾将一个公司的整个营销体系表述成三个维度：战略营销（strategy）、战术营销（tricks）和价值创造（value），如图 7-3 所示，这就是著名的营销 STV 三角模型。

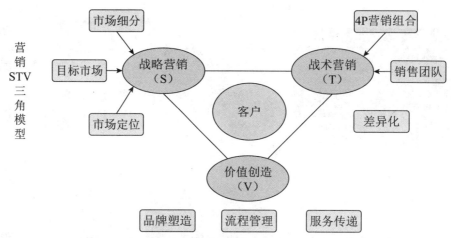

图 7-3 菲利普·科特勒的营销 STV 三角模型示意图

营销 STV 三角模型告诉我们，企业要想在激烈的市场竞争中脱颖而出，获得稳健、持续、长久的发展，必须从企业的战略组织经营出发，充分认识到市场营销的重要性。营销，不仅仅是一种功能性的概念，它更是一种战略经营的概念。

企业，尤其处于初始创业期的企业，还正在面临企业是否能存活下来的严峻考验，需要根据企业各方面的实际情况，依据菲利普·科特勒营销 STV 三角模型的基本思路，进行准确的市场目标客户群定位，并进一步确定企业未来的市场发展战略。

1. 战略营销

1）市场细分

市场细分则是指企业将市场按一定逻辑划分为若干"子市场"的过程。市场细分是选择目标市场的基础工作。

市场细分的策略有三步：

（1）通过聚焦法或排除法，确定自己的目标客户群；

（2）针对自己的目标客户群，仔细研究客户的痛点，进而确认客户的消费买点；

（3）充分了解客户对消费买点的升级迭代预期，为企业持续赢得消费市场奠定重要基础。

2）目标市场选择

目标市场选择是指公司决定选择出并为之服务的"子市场"，进而运用企业营销活动之"矢"，瞄准目标市场方向之"的"的优选行为过程。

杰克·韦尔奇曾说，"不管你的生意有多大，资金有多雄厚，你也不可能满足所有人的需求"。要达成高效的目标市场选择，企业需要聚焦目标客户的痛点，有的放矢解决其痛点，就有可能赢得客户购买。

3）市场定位

在现代市场营销理论中，"市场"指的是购买者和潜在购买者的集合。没有一个企业可以有能力赚到所有市场的钱，每一种产品都必须定位其具体的目标市场。市场定位从竞争出发，帮助企业在知晓竞争双方优劣势、明确竞争对手和竞争目标的基础上，进一步强化自己的竞争地位，找到适合于企业的竞争策略。

2. 战术营销

1）差异化

当今时代，市场是一个不见硝烟和血肉的战场。处于初始创业期的企业一般规模较小、生命力不强韧，怎样能在激烈竞争中取得市场的一杯羹？唯一的途径只有依据市场定位的逻辑，设计差异化战略。

2）销售团队

应在公司内部建立起"全员营销"的理念，公司的董事长和总经理应该是公司最大、最全能的营销业务员。公司各级管理者和员工，都应围绕客户需求，加入营销的全方位活动中去。

销售部门是企业面对客户的一线部门，销售团队是公司业绩的重要保障，销售人员如同足球场上破门得分的前锋一样，是最终促成交易的一线战士。狭义的销售团队的人员构成包括市场营销人员、一线销售人员，而销售过程中的技术支持人员和财务、作业部门等实现后勤保障功能的员工也属于广义的销售团队的成员。公司上下各个层级彼此协调配合，提升服务顾客的综合能力。对于需要系统销售技术支持的复杂产品（如大宗仪器或设备产品、咨询类产品等），专业的技术支持人员协同销售团队去综合实施推销行为能大幅度提高成交效率。

没有完美的个人，只有完美的团队。当前时代市场竞争极度激烈，不必说散兵游勇，即使是孤胆将军，个人销售能力再强，孤军作战都无法与一支团结、强有力的销售团队相抗衡。

一个优秀的销售团队应该具有以下品质，如图7-4所示。

（1）团队的每一位成员都应当是具备一定销售能力的销售业务员，具备相关的基本素质，接受过较为系统的营销专业培训，能够在市场中以较为标准化的营销动作去完成销售，达成一定销售业绩。

（2）只有思想一致、目标一致、行动一致的一群人，才是真正的团队。销售团队的领导者应该像自然界富有一流战斗力的头狼，既具有高瞻远瞩的战略视野，掌握系统战术策略，同时，也应该在团队内部宣导结果思维，建立科学、合理、公平、高效的团队管理规则，以狼性管理的理念和方法带领团队成员们在销售中以配合默契的一致步调，推进和实现企业的营销目标。否则，即使团队的每一位成员个人能力都较强，但因为劲不往一处使，造成资源和力量分散，甚至因为不团结，团队内部产生各种矛盾，导致巨大的能量内耗，那么销售业绩也就成了泡影。

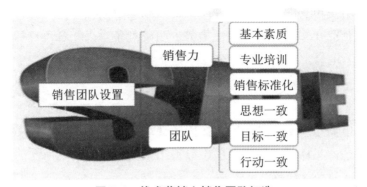

图 7-4　战术营销之销售团队打造

3）4P 营销组合

美国营销学学者杰罗姆·麦卡锡教授在 20 世纪的 60 年代提出了 4P 营销组合，即：产品（product）、价格（price）、渠道（place）、促销（promotion），如图 7-5 所示。

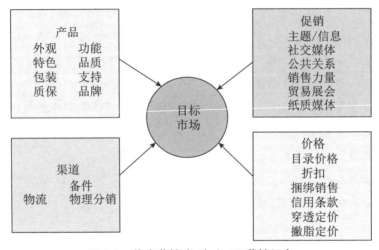

图 7-5　战术营销（T）之 4P 营销组合

无论公司生产什么产品，都应该依据 4P 营销组合去制定公司营销策略和开展营销工作。企业应用 4P 营销组合，针对目标市场，从生产到销售，依次实施营销的工作过程。4P 营销组合的每一个"p"都由相关的营销要素构成。

扩展阅读

战术营销案例

企业根据客户的需求确定产品的市场定位，生产出一定质量的产品；根据产品的生产成本确定出产品的基价，进而综合代理经销商折扣及其付款政策等，为产品制定出合适的价格体系；考虑产品的信息传播、长期及短期存储、物流配送等因素，确定产品的销售渠道；运用与媒体、代理经销商等的公共关系，将产品以广告、体验派送等合适的方式推销给客户，完成其促销方案体系的构建。

每一种获得了市场充分认可的成功产品，其营销组合都有它自己的特点，都彰显了它独有的品牌风格。

3. 价值创造

1）品牌塑造

品牌塑造，指的是对品牌赋予某种定位、并据此付诸营销行动的活动过程。

一个公司要塑造出其具有明确形象的品牌，在激烈的市场竞争中争取能持续消费的客户群，是一个庞大的系统工程。品牌塑造的活动过程首先从品牌知名度开始，先要想办法让更多的消费者知道这个品牌的存在。接着通过产品有竞争力的性能、价格、服务等，争取消费者对这个品牌的认同和好评。品牌塑造的最高层级，就是品牌拥有持续的客户忠诚度，客户只要购买该品类的商品，就不会再考虑其他品牌，只会购买这一家品牌。让一个已经对品牌有所认同的客户，再次认同并重复购买，永远比开发一个从未购买过、甚至对该品牌都毫不知晓的新客户要容易得多。这样，企业就拥有了源源不断的利润。

品牌塑造对于企业来讲是很重要的事。大企业可以通过广告，或者是借助吸引公众眼球的事件来扩大其知名度。

那么，中小企业应该怎样迅速地把自己的品牌知名度打出去呢？中小企业处于创业初期，它所需要的知名度可能是非常小的范围，是局部性的。因此，一般有以下三种品牌塑造的具体方法。

（1）通过设计，塑造一个能让消费者过耳不忘的名字，以提高知名度。

当今中国，中小企业形象代言人做得最好的，贵州的老干妈当之无愧。通过一个"老干妈"，向广大消费者传递了一个如同邻家大妈般的普通人形象，朴素平实、和蔼可亲，能够给人带来美味，也能让人们想起生我养我、无微不至呵护自己的母亲，让人们想起"妈妈的味道"，让这个小小的调味品顺利冲出了贵州的大山，走到了全中国，卖到了全世界所有有华人的地方。

（2）自主设计卡通人物来作为企业的形象代言人。这不失为一个花费较低、可能产生高效益的方法。

获得这个创意设计的第一个途径是：初创企业的核心团队选择具备一定设计资质和市场经验、并具有较好创意和悟性的设计师，与之充分沟通，让设计师在通晓企业文化以及未来营销推广思路的基础上，设计出符合企业品牌意义的卡通形象代言人。第二个途径是：取之于民，用之于企业。可以在企业所有员工中，举办企业形象代言人的创意设计比赛，设置相关奖项，并给予一定的精神及物质激励。当然，在比赛初期，仍然应该以企业文化以及未来营销推广思路为重点，给予参赛者充分、全面、多种形式的相关信息。无论这个比赛最后是否能够产生符合企业要求的创意设计，都能够对企业起一定的团队凝聚作用，并且让企业员工对企业的了解更深入更准确。这对于初创期的企业均有积极意义，是企业从基层员工到高管和领导者，形成以及凝练企业使命、企业愿景、企业核心价值观等企业文化的重要方式。这个获得创意设计的途径也可以面向社会进行。

因其活动组织的范围更大、成本更高,在一般情况下,只建议大型企业采用。

(3)通过实效 VI,达到塑造品牌的目的。实效就是向消费者说明这个产品可以实现你想实现的什么功能。聚焦、明确、直奔主题,能够让消费者在纷繁芜杂的大量供方市场中,快速捕捉企业想要表达的产品实效,从而吸引消费者产生购买兴趣,愿意来进一步了解产品,使得成交成为可能。因为人们买东西往往最关心的就是:你的产品能为我做什么?换言之,你的产品能让我得到什么好处和福利?

例如,背背佳告诉用户通过使用一个穿戴器,能够快速矫正一个青少年佝首驼背的坏习惯,让他的身姿体态健康挺拔。这一点就打动了亿万家长的心,所以背背佳能够在青少年群体中迅速畅销。

2)流程管理

企业营销的流程管理涉及产品从市场调研、产品设计与生产,一直到产品经过代理经销商、终端商等销售渠道到达客户手中,以及产品在使用寿命完结后有的产品器件逆向物流的完整过程。期间的每一个流程都值得企业注意和分析,需要在营销的全过程中,持续关注并随时解决问题,提升客户购买和使用体验,提高客户满意度。

科学合理的流程管理,意味着在一个完整流程中,每一个工作环节的标准化和程序化。即,其中的每一个环节都是必须存在的、不可或缺的,并且各个环节的前后次序不可对换,更不可错乱。流程的任何一个环节都可能出现问题,责任重大,因为流程管理失误而造成的损害之大,根本无法用金钱去衡量。

流程管理的关键是:确定流程管理的目标和战略,将标准化的流程动作环节予以书面化,确定每一个流程动作环节的责任人,定期对执行结果进行评估,把流程结果和责任人的绩效挂钩,最终达成"流程决定绩效"的良性结果。管理层可以通过动员、强调达到流程绩效提升的一时效果,但不改变流程管理策略及其背后的规则。

3)服务传递

服务传递是将服务从后台传递至前台并提供给顾客的整个活动过程,决定了将服务于什么时间、在什么地点、以何种方式传递给顾客。服务传递包括硬件要素和软件要素,前者主要指服务设施、布局、技术和设备等,后者主要指服务传递流程、员工培训以及对服务中员工及客户的作用的描述。

服务传递系统必须最大限度地使消费者满意,同时能够有效提高服务组织的运营效率和控制运营成本。许多服务的观念是可以被竞争者效仿的,但是一个设计合理的服务传递系统却无法简单抄袭,因此,服务传递系统就成为潜在竞争者的一道障碍,成为服务组织的核心竞争优势。

美国亚利桑那大学教授齐斯(Richard Chase)提出,服务传递系统可以分为高度顾客接触和低度顾客接触两种类型。在低接触区域,因为顾客不直接出现在生产过程中而不会产生直接影响,其生产经营观念和自动化设施均可应用工厂运作模式。而在高度接触区域，要让顾客感受个性化服务，在设施选址上要接近目标顾客，设施布局要考虑顾客的生理和心理需求及期望，把顾客包括在生产进度表中，且必须满足其需要，对服务过程的设计考虑生产环节对顾客的直接影响，考虑顾客服务体验的需求，适当设计顾客参与。

让顾客参与到企业的服务过程中是培养忠诚顾客的一种途径。如今，顾客可以很容易找到许多在外形、价格、品质和功能等方面相似的产品，而顾客辨认产品之间的差异不仅仅是看产品本身，而是更注重顾客服务体验的差异。如果说顾客满意是一种理性行为的体现，那么顾客的美好体验则意味着比理性行为更高的快乐，这种体验感是培养忠诚顾客的重要基础。例如，美国迪士尼公司从游客那里了解到，主题公园的清洁度是影响游客满意度的一个重要因素，同时他们还发现，如果游客看到员工捡起其他游客扔下的垃圾，就会自觉地把垃圾投入垃圾箱里；如果垃圾箱放在显眼的地方，而且与游客相距不远，大部分游客是愿意把垃圾投入垃圾箱的。根据这些情况，该公司决定在公园内每隔25～27步的距离，就安放一个垃圾箱，并要求所有员工只要看到地上有垃圾就主动捡起来。

7.2.2 市场营销发展的四个阶段

1. 从产品出发的市场营销

市场营销发展的最早期阶段是从产品出发，聚焦开发客户需要的功能，是以功能为核心展开营销。产品只要具备了客户需要的一些基本功能，就能够实现顾客的消费。这样的营销方式在商品经济不足够发达的时代，也能够让企业获得丰厚的利润，但在市场竞争加剧、越来越多的商品供大于求的时代，已经完全不能适应市场的要求。

2. 以服务为中心展开市场营销

第二个阶段是以服务为中心展开市场营销。企业不仅仅要设计出满足客户功能需求的产品，而且要为产品搭配一系列相关服务，通过完善、有温度的售前、售中和售后的服务，让客户感受足够便利性。例如，在销售前端对产品功能的完善解释、对客户进行必要的教育和培训，在销售后端完善配送、安装、维修和以旧换新的链接，可以大幅度节约客户在消费过程中的时间、精力和经济成本，很大程度上提高客户对品牌、对产品的满意度。

3. 市场营销向客户群的权利转移

第三个阶段，市场营销的核心导向开始向客户群的权利转移，就是以客户为中心，在全面了解客户基本情况和个性化需求的基础上，为客户提供个性化的定制设计、生产、交付和服务。

4. 数字经济时代的市场营销

随着全球互联网的发展，数字经济发展迅速，对市场营销提出了更高的要求。客户不仅是只从自己的好恶和选择出发去做出购买决定,而且会主动关注和参考其他相关客户群体的倾向和选择。也就是说,我们的客户会主动去了解其他客户对这个产品的总体评价,而这些总体评价往往从很大程度上影响客户的购买决策。因此,对企业提出了更高的要求,企业需要完成更全面的、具备更广泛影响力的市场营销行为,方能实现成功销售。

7.3 产品定价策略

7.3.1 产品定价策略

市场是一只看不见的手,其中存在着许多变化因素在持续影响着商品的供求关系,进而影响商品的价格。定价策略是指企业采用不同的定价方法,制定有市场竞争力的商品价格,进而达成消费者购买,企业获得利润的营销活动过程。

在产品具备一定品质的基础上,企业对产品的定价就成了企业生命的根本。因为如果定价不准确,不能有效引起消费者的购买兴趣,那么产品根本就无从谈起销售,也就是说,产品根本销售不出去,企业盈利也就成了一句虚话。

定价的基础是:企业聚焦选定的销售目标对象是哪一个消费者群体。高端产品不可能在低端产品的销售渠道销售,而低端产品也不可能在高端产品的渠道畅销。

高端产品有高的定价,往往是这个产品有很高的美誉度,或者有很高的科技含量,或者是有很独特的设计理念,能够满足有一定特殊需求的小众消费者群体。

低端产品的优势是有较大的产品覆盖面,换言之,低端产品是以价位低廉来作为竞争的重要策略,而往往价格低廉在产品的市场销售中是最有杀伤力的、提高产品销量的一个办法,因为对于消费者群体中占较大比例的中低端大众化人群,他们对于价格有很高的敏感度。

中端产品会兼顾产品品质和销量两方面的诉求,它既不追求过高的利润,也不追求非常大的销售面。因此,对于中端产品,在能够满足了基本功能需求的前提下,可以积极地想办法,比如通过扩大产品生产规模、降低生产成本,或者通过生产商直接面对终端消费者完成销售来降低产品销售渠道的成本,进而降低产品的最终售价,就能获得更大的市场占有率。

1. 新产品定价策略

对于初创期的中小企业来说,新产品定价直接关系企业的生死存亡。因为市场上的消费者对新产品既没有听说过,更不了解产品的品质和性价比等基本情况,相当于企业要打开一片全新的空白市场。新产品能否顺利站稳脚跟，是企业盈利的唯一关键，因此新产品定价是营销策略中非常重要的问题。它关系新产品能否顺利地进入市场、能否站稳脚跟，在目前几乎99%的产品都是在买方市场的白热化竞争中谋得一方天地，获得较大的经济效益。目前，国内外关于新产品的定价策略，主要有三种策略。

（1）取脂定价策略又称撇油定价策略，其名称来自从鲜奶中撇取乳脂，意为"提取精华"。一般产品生命周期都有四个阶段，如图7-6所示。

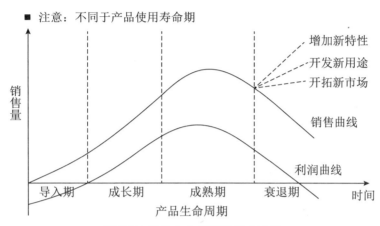

图7-6 产品生命周期的四个阶段

在产品生命周期的导入期或成长期，对于刚刚出现在市场上的全新产品，消费者会本能地产生一种求新、求奇的心理。此时市场上对这种新产品的激烈竞争尚未形成。取脂定价策略指的是利用这个有利时机，企业将新产品的价格定得较高，以便在短期内获取尽可能多的利润，尽快收回投资的一种定价策略。

（2）渗透定价策略。新产品上市初期，很多消费者愿意尝试新产品，同时又不愿意支付更多的经济成本。渗透定价策略，又称薄利多销策略，指的是利用消费者寻求低价的消费心理，为新产品定一个仅稍高于其各种成本总和的较低价位，使新产品以高性价比吸引顾客，企业获得的市场占有率得以稳定下来，从而谋取到远期的持续利润。甚至有些企业为了让新产品快速抢占市场，有可能开展一定规模的新品免费试用体验活动，或以低于各种成本总和的价格去销售。

（3）满意定价策略又称平价销售策略，是介于取脂定价和渗透定价之间的一种定价策略。由于取脂定价法定价过高，对消费者不利，既容易引起竞争，又可能被消费者拒绝，具有一定风险；渗透定价法定价过低，对消费者有利，对企业最初收入不利，资金的回收期也较长，若企业实力不强，将很难承受。而满意定价策略采取适中价格，基本上能够做到供求双方都比较满意。

2. 差别定价策略

差别定价指的是企业对不同型号或规格的同一种产品或劳务，有两种或两种以上的不同定价，而这些定价之间的比例差异，并不反映产品成本费用的比例差异。差别定价策略主要有四种方法。

（1）顾客差别定价，即同一种产品或劳务，针对不同的顾客有不同的定价。因为顾客的需求有强弱差异，由于信息不对称的存在，商品知识有多寡之分，因此企业可以按照不同的价格去销售同一种产品或劳务。

关于顾客差别定价问题，奔驰和宝马汽车在中国的销售对顾客差别定价策略展示得最为明显。在美国、德国等发达国家，源自德国的这三个汽车品牌——奔驰、宝马和大众，在销售价格上并没有明显差异。但由于奔驰、宝马这两个品牌关键词非常符合中国人的审美情趣，长期在中国客户群中形成了一种能够接受高价的心理需求。因此，这两种品牌的汽车卖给中国客户的价格，大大高于它们卖给其他国家客户的价格。

（2）产品形式差别定价，即对不同型号或规格的同一系列产品，企业分别制定不同的价格，但不同型号或规格产品价格之间的差异和其成本费用之间的差异并不成比例。

仍然以在中国销售的德国奔驰、宝马汽车为例。德国的奔驰、宝马汽车在中国的型号林林总总。它们之间的价格差距有的时候非常的大。比如，宝马 X1 的价格是 26 万元左右，而宝马 X6 可以卖 100 万元，这两款车型的价格差异近 4 倍，但是其速度从 0 提高至每小时 100 公里的所需时间、发动机使用年限、车内配置等指标真的有将近 4 倍的差异吗？这个答案显然是否定的。是宝马汽车采取了产品形式差别定价的策略，这显而易见。

（3）产品部位差别定价，即当企业的同一个产品或服务处在不同位置时，实施不同的价格，即使这些产品或服务的成本费用差异很小，甚至没有任何差异。

例如，观看歌剧或话剧的剧院或明星的现场演唱会，虽然成本费用都一样，但是不同座位的票价却可能存在数倍的差异。这是因为不同座位的观看体验有较大的区别，这个区别在大型场馆内尤其明显，并且人们对不同座位的偏好也有所不同。

（4）销售时间差别定价，即当企业的同一个产品或服务处在不同时期，比如不同季节、甚至同一天的不同时段时，实施不同的价格，即使这些产品或服务的成本费用差异很小，甚至没有任何差异。

例如，深圳的某一条特色小吃街上的一家烧烤店，本地人和外地游客都很喜欢光顾，其中有个重要原因是，这家店有一个促销措施，从下午 5 点至凌晨 3 点，时间每晚一个小时，价格下降 10%。也就是说，在凌晨 2 点，人们来吃烧烤只要一折价；在凌晨 3 点，可以免费吃。而事实是，因为宾客盈门，往往在晚上的 10 点、11 点，这家店就已经餐品售罄了。

例如服装销售。应季新款衣服刚刚上市，销售价格一般都是正价或只能打个九折。但是随着时间的推移，在该季节即将过去时，同一件衣服就常常降价促销，有的品牌可能会降至五折、三折甚至以更低折扣出售，以便厂家迅速清空这种产品，以降低库存成本，并换取更多现金流,利于之后再上新品。

3. 心理营销定价策略

针对消费者的不同消费心理,制定相应的商品价格,以满足不同类型消费者的需求,这种定价策略就是心理营销定价策略。一般包括五种具体方法:

(1)尾数定价策略。关于尾数定价,最典型的案例就是 8 元店。这种商店的所有商品都是家庭生活中一些常用又不起眼、利润空间比较微薄的商品,全部定价 8 块,这样的价格不过是一碗最大众化的普通面条的价钱,让消费者觉得特别实惠。这种商店在中国很多,相似的还有 3 元店、5 元店等,销售情况通常都不错。

(2)整数定价策略。整数定价与尾数定价相反,针对的是消费者求方便、求快捷的心理,将商品价格有意定为完整的数字。由于同类型产品,生产者众多,花色品种各异,在许多低价位的快速消费品交易中,消费者往往会将价格作为判别产品质量、性能的重要指标。同时,在众多尾数定价的商品中,整数能给人一种方便、简洁的印象。

(3)习惯性定价策略。这是一种针对小宗快速消费品的定价策略,消费者需要经常、重复地购买这类商品,他们心理上对这类商品已经有一个可以接受的习惯性价格。许多商品尤其是家庭生活日常用品,在市场上已经形成了一个习惯价格。消费者已经习惯于消费这种商品时,只能接受一个较为固定的价格区间。

扩展阅读

心理营销定价策略案例

(4)声望定价策略。声望定价策略是整数定价策略更深入发展的产物。有些商品由于企业前期一些成功的品牌塑造活动,已经在市场上具有了较高的品牌知名度和美誉度,也就是说,具备了一定的市场声望。根据部分消费者求名利、求声望的心理和行为,企业对一些有市场声望的商品的定价会比市场同类商品更高,即为声望性定价策略。因为客户对这类商品已经有了较好的认同度,客户对商品或零售商已经形成的一定信任感和安全感,能有效地消除消费者的购买心理障碍,客户也能从购买和使用体验中得到荣誉感。

(5)招徕定价策略。招徕定价指的是在特定时间段或区域,有意将部分类别的商品降低售价以招徕吸引顾客的定价方式,又称特价商品定价。这种定价方式使相应商品的价格低于市价,顺应消费者的购物求廉心理,一般都能成功引起消费者的购买欲望。

7.3.2 产品定价时应考虑的因素

1. 产品定性

产品定性的核心问题是,该新产品在企业这个品类的产品群体中承担什么样的角色?一般从两个角度来综合考虑。

(1)从新产品获取利润的角度:是走量产品,还是利润产品?

走量产品要达成一定销售量和较高的市场占有率，就不宜价格过高。可采取成本定价法或随行就市的定价方法。

利润产品是企业利润的重要来源，价格相对偏高。可采取撇脂定价法、利润成本定价法。

（2）从新产品体现的功能的角度：是形象产品，还是补短产品？

形象产品体现企业品牌形象提升的功能，价格一般会偏高。可采取撇脂定价法。

补短产品体现丰富或补全企业产品品类项目的功能，可根据市场占有率的高低，采取不同的定价方法。

2. 目标消费者群体的定位

目标消费者群体的定位是指新产品的营销和销售聚焦于哪一类具体的消费者群体。是儿童、成年人，还是老人？是男士还是女士？是用于家庭消费还是团体消费？是豪华型消费还是普通消费？一般而言，以儿童或女性、团体消费、豪华型消费为主要目标的产品价格都相对偏高。

3. 销售渠道选择

每一个产品都必须经过销售渠道方能到达终端消费者手中。例如，企业可以选择传统零售、网络、电视购物、礼品销售等不同渠道，其渠道特性直接影响新产品的价格高低。在当今时代，互联网使得整个世界成了一个地球村，网络经济空前发达。大多数新产品均会采取线上线下营销相结合的全面推广方式。毫无疑问，采用线上营销渠道成本会更低，新产品的定价也就更低。

4. 产品策略

一个企业的产品策略是战术型还是战略型，也直接影响产品的价格制定。

（1）战术型新产品。企业追求一时利润或一时高的销售量，价格就会"先高后低"或"高开低走"。

（2）战略型新产品。企业会更充分、更全面地去设计产品价格，充分考虑多种综合因素之后，再确定价格。

5. 产品特性

新产品通常具有独创性、跟风性、替代性等几种特性，其各自适用于不同的定价方式。

（1）独创性新产品。新产品的包装、功能或其概念，都可能具有明确的市场独创性。这类新产品一般可考虑采取较高价位，如撇脂定价策略或成本定价法。

（2）替代性或跟风性新产品。这一类的产品在进入市场之前，市场上已经存在能够满足客户相似需求的竞争产品，因此，为了快速让消费者转变来购买，该新产品一般不会采用较高的价格，也可能会根据企业目标来灵活定价。

6. 产品的价格需求弹性

不同行业的不同产品，其价格需求弹性差异不同，产品定价方向也不同。一般对于价格需求弹性大的产品，定价时会走低；而价格需求弹性小的产品则会走高价，毕竟按照一般的商业逻辑，追逐最大利益永远是第一目的。

7. 行业发展阶段或产品生命周期

产品处于在行业不同发展阶段或产品不同生命周期，企业对产品定价也会有所不同。

（1）处于导入期或发展期的产品一般可考虑采取高价位。

（2）处于成熟期的产品价格透明度较高，随行就市定价是主要选择。

（3）处于衰退期的产品。在此阶段，各种可能都会存在。

8. 市场环境状况

市场环境状况与行业发展阶段有很大关系，同属一个类型的问题，但初创型企业对新产品定价的时候需特别考虑这一点。一般应从市场规模和容量、市场发展趋势、环境整体消费水平、客户消费习惯、竞争者状况五个因素来对新产品进行综合评价，进而制定合适的价格。

9. 企业自身状况

企业规模有大小之分，企业价值取向、财务状况、经营指标也有所不同。

（1）追求利润型企业。企业一般会选择高价格定价。

（2）追求市场份额型企业。中、低价格是企业选择定价的基本方向。

企业新产品的定价牵涉各个方面。在具体市场实践中，不同企业或同一企业在不同时期对以上九个因素的考虑会有不同程度的取舍。除了以上九个定价影响因素之外，初创型企业应根据企业自身状况、企业品牌、市场地位、推广费用、渠道建设情况、产品生产和包装等成本、产品规格等因素综合考虑，来制定新产品的价格。着眼于相关重要细节因素，作综合分析，才可能达成为新产品合适定价的目标。同时，实践方可检验一切真理，某个定价究竟是否合适，是否能得到广大消费者的认同和接受，这个问题的答案只有市场实践方能给予最终验证。

7.4 市场测试

7.4.1 试销

1. 试销之前的产品市场调研和设计

对于现在的中小企业，尤其处于初创时期的企业来讲，最重要的并不是去寻找消费者，而是找到能代理销售产品的经销商。在新产品进入市场之前，最好是新产品尚处于设计阶段时，企业的营销人员应该主动和自己比较熟悉的经销商取得联系，征询经销商对新产品的评价。处于市场一线、经常近距离接触消费者的经销商都是相关产品有经验的行家，基本上就可以确定该新产品的定位是否准确、其价格界定是否合理、产品还存在一些什么问题，以及推测这个产品的未来销路，比企业去找很多消费者，或者制定其他试销方案都要更加快捷和高效。

2. 试销的目的

一个企业在经过前期的市场调研和产品设计之后，完成了一款新产品的小批量生产。要通过对这批产品的试销，较准确地了解市场对该新产品的接受度，从而利于进一步完善产品设计和生产，为该产品最终大批量进入市场实现销售奠定良好的基础。试销是新产品进入大规模销售之前最重要的一个环节。

3. 是否必须进行试销

随着项目实施环境的逐渐完善，行业成熟度更高，潜在社会投资人增多，对于市场竞争充分的行业，一般可不必进行市场测试，以减少前期成本及避免市场测试可能存在的风险。

在经济欠发达的偏远地区推广的新产品项目，可以进行市场测试。

4. 试销期限

试销期限的长短没有具体要求。考虑产品需要保密和赢利，一般来讲，只要能够达到新产品上市的基本要求，试销期限越短越好。

5. 试销之后的产品整改

一般来讲，试销之后，企业肯定会收集客户对于新产品各种各样不同的反馈。企业领导层应该根据这些反馈意见和建议的轻重缓急，列出相应的解决方案，逐步解决产品存在的问题，为产品大面积推向市场做好准备。

根据市场一线有经验的代理经销商们提出的整改意见，确定新产品试销价格，并进一步完善产品的其他要素，如包装、商标、规格、型号和售后服务等。

7.4.2 试销的模式

1. 点状试销（市场小试）

点状试销就是企业的新产品在比较小的范围内试销，一般是选择一个比较可靠有丰富市场经验的代理经销商，通过其经销区域的市场面来了解市场对这种新产品的反应，或者是公司在自己的直销店范围内选定一个或几个具有代表性的店面，定点对消费者推出企业的新产品，看看消费者的购买反应如何。

例如，起源于中国重庆市的成功川味快餐连锁品牌乡村基，一年接待超1亿人次，在外资连锁品牌肯德基、麦当劳、必胜客等占据主要份额的中国快餐市场，成功分了一杯羹。乡村基曾经推出过一款豆豉蒸鱼套餐，选定了成都市五个主城区的十家店面定点试销,由于消费者的市场反应不太理想,乡村基暂停了这个新产品的大规模市场销售。随着消费者对于身体健康的营养均衡需求的进一步提高,乡村基又推出了每两2.68元的新菜品销售方式,也是在点状试销之后才全面推向市场的一种新产品。

2. 面状试销(市场中试)

面状试销就是对企业的产品进行中等范围的试销。采用这种试销方式,企业要么是经过了点状试销,要么是已经对自己的新产品有了比较大的信心,认为可以将试销的面扩大一些。企业会选择一个市场比较成熟的区域的所有经销商,对他们的销售点进行较大规模的铺货。通过这种规模的试销,能够了解一个较广范围内消费者对这种新产品的反应。

7.4.3　试销市场能提供的信息

1. 新产品销售量等市场营销信息

在获得新产品销售量的基础上,企业可以了解促销和广告宣传的效果,可以测算出企业的初期利润,并粗略推算出中期和后期的销售量变化趋势,作出是否需要调整产品目录、商业储备百分率及其水平等相关决策。

2. 购买者信息

企业的最终目标是达成消费者对产品的重复购买。从消费者对新产品的认知、试用开始,试销可以收集市场一线购买者的很多信息,据此对产品进行优化完善,为企业最终获得消费者的市场营销信息品牌忠诚度奠定基础。

3. 环境变化信息

企业可以了解微观环境中竞争者、供应商、媒体等相关利益群体反应、销售人员的态度和经验,以及粗略了解整个经济、文化、政治和法律等宏观环境的形势变动。

4. 新产品的真实性能信息

在试销之前,企业只是掌握了产品的设计性能。通过试销,企业可以了解产品能够实现的真实性能,了解顾客感知、认同以及重视的产品性能,从而进一步确认产品的整改完善方向。

5. 与新产品相关的企业内部信息

新产品的生产资料问题,生产、营销和售后服务成本,分销问题及其费用等信息。

7.4.4　挑选试销市场

每一个有经验的试销工作人员对如何在各城市和地区组建试销市场的问题都很有主见。然而,市场的选择不能一成不变,它应随具体情况的不同而作相应的变化,因为各种选择标准主要是应用在选择城市上。对一种产品很理想的试销市场，对另一种产品就不一定适合了。关键是要选择能代表基本市场的试销区域。

挑选试销市场应主要考虑以下四个问题：

1. 目标销售区域的划定

目标销售区域的划定与新产品瞄准的目标对象群体有直接的关系。新产品聚焦的目标对象群体在哪个区域，企业就应该选择哪个区域进行试销。应从新产品销售的目标消费者群体定位出发，去了解其销售目标区域的收入水平、住户数、人口、就业率等。特别重要的是，要了解与新产品相对应的消费者群体数量有多少。例如，主打麻辣味的食品要想推向江浙一带，则当地的人口绝对数量多少就没有很大意义，关键的是，在当地，有多少人能接受和喜欢麻辣味道。因此，精准刻画目标地区消费者的特征尤其重要。

2. 分销渠道的选择

分销模式是流通模式的一种，即制造商通过分销商（代理商或经销商）将产品传播至各终端零售网点。它体现了厂商专业化分工的特征。

分销渠道的选择指的是寻找什么人来助力新产品的销售，通过什么渠道或通路来分销。比如说，通过经销商经销或代销，或自己建立销售专卖店，或网上销售，或以上三种分销渠道同时采用。

与直营相比，分销模式投入较少、效率较高，对制造商自身人力资源及管理能力的要求较低，因此更具适用性和普遍性。国内家电、手机、快速消费品等产业领域的厂家，真正做直营的并不多，大部分采取了"直营+分销"的模式，而且其中分销所占的比例更大。

尽管从宏观角度看，随着上游制造业和下游零售业的整合以及各种厂商直接对接终端消费者的直销方式的发展，分销的生存空间趋于减小，但就国内市场而言，它在相当长的时间内仍是一种传统的主流流通模式。作出这个判断并不难，只要深刻理解国内市场"幅员辽阔，内部差异大，纵向层次多"的主要特性即可。

3. 避免选择有强大竞争对手的区域

除非是大型品牌企业，大规模、斥重金推出新产品，有足够的信心和能力迅速抢占市场，即具备把其他竞争对手手上的蛋糕抢过来的能力，否则，在新产品设计和生产阶段，就应该调研清楚市场上已存在的主要竞争对手。

4. 避免进入企业完全不了解的区域

要避免进入企业没有仔细研究、完全没有把握的地区去试销。

7.4.5 试销市场的实施方案设计

任何产品的销售都是有一定共性的，在考虑了上述各方面的问题之后，企业如果要制定产品试销具体方案，绝大多数情况下大可不必另起炉灶，而完全在竞品或者同类产品的试销方案基础上来进行设计。需要注意的是：挑选方案和执行方案的人应该是内行，对方案的可借鉴性和有效性均有清醒认识，最能根据本企业产品的特点，对参考方案提出具体可行的整改或完善意见。

7.4.6　市场测试的保密问题

市场测试保密问题涉及两个方面，一是测试反馈内容是否保密，二是测试范围是否保密。

从市场测试的目的看，测试是为了完善实施方案，满足社会资本和金融市场的需求，以提高项目吸引力和竞争力，所以测试反馈内容不应该进行保密，且保密对未参与测试的投标社会资本是最大的不公平，也不能保密。但没有保密的测试，很多企业会自我保护与保留，不能畅所欲言，影响测试效果。

从防止串标的角度看，测试范围需要保密，但现场摸底会很容易导致社会资本互相了解。

为了满足两方面的合理性，应建立正负面清单，明确哪些是必须公开的，哪些是可以保密的；在社会资本反馈信息中，需要注明哪些信息需要保密。一般情况下，除了涉及商业秘密、专利技术、技术优化方案之外的部分，其他部分都应该公开。

7.5　渠道招商策略

7.5.1　渠道建设

1. 中国市场经济及地域综合环境的三种类型

（1）葡萄型市场。城市之间距离短，经济发展水平较平均，整体经济状况较好。以江苏、浙江、广东、福建等区域市场为代表。其特征是：强势城市的辐射影响力小，其市场辐射能力区域性特别强，整体范围不大。如江苏南部、苏州、无锡、常州、南京等，经济状况均衡，城市间隔小，也就形不成大面积的绝对辐射优势，只能在小范围内占一定优势。

（2）星型市场。城市密度不大不小，城市经济发展水平差距较大，整体经济状况一般。以河南、湖北、湖南、辽宁等区域为代表。其特征是：强势城市的影响力特别大，辐射能力特别强，辐射范围广，如湖北武汉、河南郑州、湖南东部区域等。

（3）棋盘型市场。地域广阔，城市密度小，城市间距离特别长，经济发展差距特别大，整体经济状况差。其特征是：虽然强势城市有绝对的影响力，但由于地域太广，辐射能力处于心有余而力不足的状态，无法全面辐射到位，以四川、云南、内蒙古、新疆、黑龙江等地区为代表。

2. 竞争战略与渠道设计，如表 7-1 所示

表 7-1　竞争战略与渠道设计表

量　度	渠道设计采取的措施
对抗型竞争战略	采取"你去哪儿，我就跟到哪儿"的思路，凭借自身实力，在肉搏战中赢得市场占有率
共生型竞争战略	与股市的"高风险、高收益"道理相似，该战略要求密切关注竞争对手动向。同样采取"你去哪儿，我就跟到哪儿"的思路，但却不以击倒竞争对手为目标，相反可能经营同类产品供顾客选择，或经营替代产品以求互补
规避型竞争战略	采取"避实就虚"的手法，避开对手锋芒，寻找市场空白点，专找别人做不了或不愿意做的市场，往往成为渠道的开拓者

3. 分销模式比较

通常按照渠道同一层级的中间商数量、竞争程度及市场覆盖密度，可以将分销渠道划分为以下两种：

（1）宽渠道：渠道中同一层级中的中间商数量、竞争程度及市场覆盖密度来划分。

（2）窄渠道：渠道中同一层级的中间商数量较少，竞争程度较弱，市场覆盖密度低。

根据渠道宽度，可以将销售形式划分为独家性分销、密集性分销和选择性分销，如表 7-2 所示。

表 7-2　分销模式比较表

分销类型	含　义	优　点	不　足
独家型分销	在既定市场区域内，每个渠道层次只有一个中间商运作	市场竞争程度低；厂家与经销商关系较为密切；适宜专用产品分销	因缺乏竞争，顾客满意度可能会受影响；经销商对厂家的反控力较强
密集型分销	凡符合厂家最低要求的中间商均可参与分销	市场覆盖率高；比较适宜日用消费品分销	市场竞争激烈，导致市场混乱，破坏了厂家的营销意图；渠道管理成本过高
选择型分销	从入围者中选择一部分作为经销商	通常介于独家性分销和密集性分销之间	

4. 渠道运筹十大误区

企业是通过经销商销售，而不是销售给经销商。企业在渠道运筹和管理中，要注意规避以下十大误区：

1）自建网络要比利用中间商好

很多企业不甘心企业的销售利润被别人"瓜分"，企图通过自己的力量建立销售网络，执行分销职能，如广泛设立分公司、办事处或专卖店，绕过中间商，直接将产品销售给最终用户和消费者。他们认为这样有很多好处，如好控制、好指挥、安全、灵活、省钱等。

但是，由于"天高皇帝远"，存在信息不畅通、不完全、不准确等现象，下面的分公司、办事处或专卖店玩点"猫腻"，总公司不一定完全知晓；同时，以区域市场为基础建立的销售分支机构，只对总公司负责，彼此缺少协同，画地为牢，互成壁垒，极易形成一个个割据分裂的小诸侯。因此，总公司很难实现对各销售分支机构的全面指挥和控制。

各销售分支机构也常常出现应收账款无法收回或相关人员携带货款出逃的坏账现象。摊子铺得太大，惰性积淀深重，一有风吹草动，就很难在短期内形成"拳头"快速出击。各分公司、办事处或专卖店的人员开支、广告费用、市场推广费用等也存在各种浪费现象。

虽然以上问题不一定是普遍现象，但如果公司管理跟不上，这些问题就一定会不同程度地出现。

2）中间商数量越多越好

"推销产品的人多了，销量自然就上去了"，这是很多厂家的逻辑。如果果真按照这种逻辑营造销售网络，那么将会出现一些问题：市场狭小；渠道政策难以统一；服务标准难以规范……

一般来说，日用消费品的分销才需要较多的经销商。

3）渠道越长越好

渠道长有长的好处，如日用消费品，其消费对象居住区域高度分散，产品购买频率又比较高，销售环节较多。但这并不意味着渠道越长越好，原因是：拉长战线，增大了管理难度；延长了交付时间；环节过多，加大了产品的损耗；厂家难以有效掌握终端市场的供求信息；厂家利润被分流。

事实上，渠道越做越短是渠道管理的发展趋势，正如有人所说的，"超越一批，超越二批，直接向终端经销商和最终消费者销售"。

4）销售网络覆盖面越广越好

有的企业说，"我的销售网络覆盖面很广，连偏僻的乡村小店都有我的货。"然而有几个问题需要好好思量一下：

（1）厂家有没有足够的资源、足够的能力去关注每一个节点的运作？建设和维持网络运作的费用是相当高的。

（2）是厂家自建网络，还是借助中间商的网络？其结果大不一样，后者的可靠性要远远逊于前者。

（3）渠道管理水平是否跟得上？单纯追求覆盖面，必有疏漏或薄弱环节，竞争者若集中优势，是否有缝合之术？

特别需要提醒的是，覆盖面广是好事，但需要精耕细作，不断整合。

5）中间商实力越大越好

"大树底下好乘凉"，这是很多厂家的想法。但事实上，中间商实力越大，对经销商的条件越苛刻，和厂家的讨价还价能力也越强，厂家就越不容易掌握渠道决策权。

实力强大的中间商可能会同时经销竞争对手的同类产品，以此作为讨价还价的筹码；实力强大的中间商不会投入很大精力去销售一个名不见经传的品牌；厂家可能会失去对产品销售的控制权。

厂家固然可以借助中间商的知名度，迅速进入市场、打开销路，但由于实力的不对等，肯定会受限制。渠道控制力是渠道成员争夺的焦点，弱小企业若选择了大中间商，势必会失去渠道控制权。

6）选好中间商，就高枕无忧了

很多厂家认为，只要中间商选择对了，产品就一定会热销，厂家不用再操心销售问题，坐等收钱即可。这是一种很要命的错误！

中间商的选择，只是"万里长征"走完了第一步；产品热销与否不是中间商个人所能支配的；"有奶便是娘"是绝大多数中间商的行事准则，厂家要承担监控渠道运作、及时清理变节分子、保证渠道清洁的重要责任；对于"偷懒"的经销商，厂家要经常督促，提高其销货的积极性；技术指导、售后服务是绝对必要的。

过多地依赖外力，久而久之，会使厂家自身的销售能力下降，丧失对市场变化的敏感性，沦落为"低能儿"，成为"被监护者"。

7）渠道合作只是权宜之计

"合作要比不合作好"，在这一点上倒是没有太大的分歧。分歧主要在于：渠道合作是权宜之计，还是百年大计？很多企业认为，合作只是一种利用关系而已，用则合，不用则分。维持长久的合作关系是不可能也是不划算的。事实却并非如此：市场经济是合作经济，与值得信赖的朋友为伍，可以节约防范、监督成本，安心去做自己该做的事。

8）渠道冲突百害而无一利，应该根除

正确的说法应该是，渠道冲突有恶性与良性之分，不可一概而论；冲突永远根除不了，只能转化或化解。

良性冲突，如窜货、低价倾销、挟货款以要挟、假冒伪劣等，对渠道的破坏自不待言；但良性冲突却可以成为改善渠道运作效率的催化剂。例如，两家经销商共同经销同一厂家的产品，由于经销能力的差异，出现了一冷一热的情况，所形成的冲突就属于良性冲突，它可以促使落后一方采取积极措施迎头赶上。

旧的矛盾解决了，还会有新的矛盾产生，永无止境。企业应采取积极的态度去转化或化解冲突。例如，发现某区域市场渠道宽度过大，经销商数目过多，形成恶性竞争，厂家可考虑适当减少经销商的人数。

9）渠道政策越优惠越好

持这种观点的人认为，如果不给经销商提供好处，他们就不会卖力推销自己的产品，政策越优惠，积极性就越高。这纯属一厢情愿！厂家若果真以此为准则制定渠道政策，结果对他们可能会十分不利。

"利"是渠道黏合剂，无利的事情谁也不会去做，但不是利多了，经销商就会很卖力地去销货。个中原因在于：产品不好，利给得再多也是白费事；好产品，即使利润很薄，企业也会趋之若鹜。因为经销名牌产品本身就是一种很好的宣传。

利给得多，在某些心术不正的人手中，反而会成为要挟厂家的资本，逼得企业只能不断地往里面填钱。

经销商经销某一产品，除了考虑收益以外，也要评估风险，看是不是值得做。其实，经销商更看中厂家实力。

10）渠道建成之后，至少能管几年

再完善的销售网络，也绝对不可能管几年！因为企业所面临的不确定因素着实太多了，如技术、产品、市场竞争结构、行业发展、经销商的经销能力、消费者的口味等。忽视任何一个因素，都将为企业带来无法估量的损失。

企业管理者一定要有这种意识：不变是相对的。丢掉幻想，多想想危机，多准备几条锦囊妙计，及早打算。

7.5.2 样板市场

1. 样板市场定义

国际营销之父菲利普·科特勒对样板市场有这样的论述：企业集中优势资源，率先在有竞争优势或有代表性的区域市场建立属于自己的试点特区，获得成功模式，作总结提炼，不断积蓄力量、训练团队，逐步通过有规划、灵活地复制来扩大领域和范围，再抓住契机发动较大规模的市场战役，最终实现全面市场的胜利。

2. 样板市场运作的六个步骤

以我国陕西秦羊乳业在2008年三聚氰胺事件之后的逆市发展为例来说明比较有代表性。

2008年，三聚氰胺事件发生之后，国内牛奶粉界一片惨状，然而这恰恰为当时的羊奶粉发展打开了一线生机。根据宏观数据反映，2007年国内羊奶粉的销售额仅为牛奶粉的千分之一，当时我国的羊奶主要产地在陕西，而本地销售量极为有限，如何打开其他空白市场销路呢？秦羊乳业的领导层高薪聘请了全国顶尖级的奶粉销售专家，为企业制定了六大方面的策略来逐步扩大销售。

1）聚焦选点

在地点上，他们经过精心挑选，确定将陕西南面的城市——成都作为首个开拓市场。因为从全国快速消费品市场的容量来看，成都虽然比西安人口多50%，但销量是西安的5倍，是全国仅次于北京、上海、广州之后的第四大快速消费品城市，是必须首先占领的市场要地，而这时的成都羊奶粉销售量几乎为0，这是一个非常精准的定位。

2）调研分析

销量为0的城市，不等于没有潜在消费者存在，只不过是没有发掘出来而已。以成都5倍于西安的快速消费品销量实力，同时通过医学专家的参与调研发现，有20%的新生儿会因为牛奶分子量比较大而发生过敏反应，这是很大的潜在市场。

3）策略制定

在三聚氰胺事件之后，国内奶粉市场中国产品牌的名气一落千丈，价格一降再降仍然无人问津，羊奶粉进入成都市场应该确定什么样的价位？专家团队经过研究，决定将关山羊奶粉的价格定得和国内一线洋奶粉的品牌一样高，凸显国产羊奶粉的高品质。

4）标准制定

在产品的包装和宣传手册上，公司精益求精，务必赶超国外一线品牌的水准，而且高薪聘请华西医大一流营养专家亲自为妇产科医生护士和奶粉公司一线销售主管普及羊奶粉的营养学知识，让他们帮助秦羊公司为使用牛奶粉不适的婴儿母亲宣传秦羊奶粉的好处，使秦羊奶粉快速成为牛奶过敏婴儿的首选替代奶粉。

5）团队打造

秦羊公司调集全公司最优秀的销售员工，在最能吃苦且身先士卒的销售骨干带领下来到成都，还为他们配备由华西专家亲自指导的医学专家团队，专门用电话回访方式指导婴儿母亲使用秦羊奶粉哺育断奶的孩子。像这样一家一家地开发成都的母婴专卖店，很快在成都各地打开了局面。

6）持续改善

由于秦羊公司配备了由医学专家、销售专家、包装专家的多学科团队，能够从消费者、产科医生护士、经销商、专卖店、柜台一线销售、后勤人员等各个环节了解他们对产品的意见建议，迅速提升配方、口感、包装、展示、广告、物流各方面的水准以适应市场，在半年之内，将秦羊奶粉在成都的每月销售从0提高至10万元。

一旦发挥先导作用的城市取得成功，秦羊公司迅速将其成功模式复制到全国其它城市，很快形成了以成都为龙头的全国销售网络，两年后，秦羊公司的羊奶粉在全国20余座城市的年销售额就达到了1 000万元以上，成为全国羊奶粉的领头羊。

3. 渠道极速裂变的主要方法

1）招商分析

企业要做好招商前的理性分析：为什么要发展代理经销商？

（1）与企业直接营销操作相比，节约成本，提高经济效益。
（2）销售一线的各种问题，交由代理经销商去处理。
（3）节省企业的业务运作时间，以增强企业的战略性管理。
（4）企业投资低，代理经销商更容易认知和掌握销售一线的地域情况。

2）招商路径

（1）相互推荐；
（2）主打样板市场招商；
（3）自我推荐；
（4）互联网招商；
（5）相似厂家资源利用（争取竞争对手的代理商）；
（6）参加展会、沙龙；
（7）专业顾问公司；
（8）企业自办招商会。

7.6 客户营销策略

7.6.1 从 4P 传统营销、4C 顾问式营销到 4R 理论创新

1. 4P 理论与实践

1960 年，美国营销学家麦卡锡从管理决策的角度，把企业可控制的营销手段分为四个方面，即"4P"：产品（product）、价格（price）、渠道（place）、促销（promotion）。

2. 4C 理论与实践

4C 是：需求（customer）、成本（cost）、便利（convinience）、沟通（communication）。

3. 4P 理论与 4C 理论的对应关系

产品——需求（product — customer）

价格——成本（price — cost）

渠道——便利（place — convenience）

促销——沟通（promotion — communication）

显然这不是一种简单的理论体系变化，而是在互联网经济崛起以后对企业和消费者之间关系的重新定位。从 4P 传统营销到 4C 顾问式营销，对比分析的结论是：不是把产品卖给客户，而是帮助客户购买产品。

4. 4R 理论与实践

20 世纪 90 年代后期，美国学者赫海凯特在研究"4C"理论的基础上，提出了"4R"理论，即：保持（retention）、关系（relationships）、推荐（referral）、恢复（recovery）。

7.6.2 赢得客户信任及其五大法则

只有客户相信产品会为他带来所需要的好处和福利，客户才有可能掏钱购买。客户对产品的信任，一定是从对营销人员的信任开始的。客户只有信任了营销人员之后，才会信任营销人员对于产品的相关推介或展示。那么营销人员怎样才能赢得客户信任呢？

1. 良好的外在印象

当今时代是颜值时代，客户在还没有了解营销人员更多的特点和素质的时候，看到的第一眼就是外在形象。根据客户的年龄、职业、性格等相关情况，不同的客户可能会认同不同类型的外在形象。一般而言，整洁、大方、商务、自信、有亲和力的外在形象，更会得到客户的青睐。

2. 快乐、开朗的感染力

向善、向上、快乐、开朗的个性，真诚、亲和的笑容，积极、正能量的状态和心态，对任何人都有感染力，对客户也是一样。客户会更愿意与你说话，与你接近，甚至与你交朋友。

3. 真诚认同客户的某些价值观，给客户足够的被尊重感

要想得到客户的认同，首先要认同客户，要在情感、情绪上与客户同频。做到这一点，可以在语言、动作等方面先与客户同频。比如，自然、积极地与客户交流，具体、真诚地赞美客户。认同客户的某些观点和说法，客户就会得到足够的被尊重感、被认同感，从而营销人员可以与客户实现更良好的互动和共通，为进一步营销做好铺垫。

4. 具备专业知识和能力

当客户觉得营销人员比他更专业，比他更懂行时，会自然而然地对营销人员产生更多的信任，甚至让营销人员来帮他决定对产品的选择和搭配等。往往在这个时候，客户认可了营销人员、认可了产品的价值，就不会太多地去关注价格，销售会水到渠成。

5. 能够帮客户解决具体问题

解决问题是营销人员最重要的能力，没有之一。满足了客户的需求，帮助客户解决了问题、解决了痛点，客户就会愿意买单。

营销人员在整个营销过程中，一定要时刻记得：营销的关键永远是"利他"，即利于客户，时时真诚地为客户着想，让客户得到好处，让客户得到物超所值的价值。

7.6.3 客户 5 大购买决策和销售人员的 10 项行动流程

按照一般营销过程的时间进展和客户心理逻辑的变化,客户 5 大购买决策和营销人员的 10 项行动流程环环相扣、时时交织在一起,如图 7-7 所示。

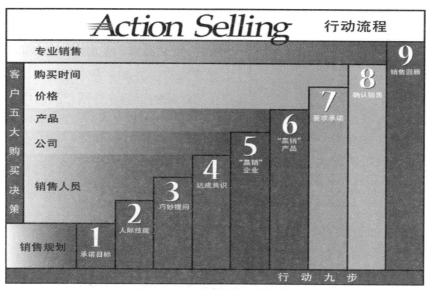

图 7-7 促成购买决策的因素

1. 客户 5 大购买决策因素

客户的购买过程,一般有 5 大购买决策。

(1)销售人员。客户认同和信任的销售人员。

(2)公司。客户认同和信任销售人员所代表的公司或者品牌。

(3)产品。客户认同和信任产品的价值,愿意花钱来交换产品。

(4)价格。只要产品的价格不超出常理,或者过分超出客户的经济承受能力,客户就会同意购买。

(5)购买时间。营销人员应当敢于帮助客户作出购买决策的动作,即"支付"动作。

2. 销售人员的 10 项行动流程

(1)销售规划,指的是销售人员在销售流程真正开始之前,应该做好销售规划,掌握本公司产品相对于市场常见竞品的卖点,掌握对客户常见拒绝点的应对话术等销售策略和技巧,设计整个销售节奏。

(2)承诺目标,本质上体现了销售人员的销售规划、步步为营,指的是由销售人员设定的、让客户以语言或行为做出的承诺应答,能够有效地推进销售进程。比如某个销售人员去拜访客户之前,就设定一个要让客户答应的承诺目标——客户愿意抽时间来翻阅某一品类产品的介绍手册,或与客户约定好,下周某个时间客户来参观我们的公司。

（3）人际技能。销售人员运用灵活、真诚、有亲和力的人际技能，开始初步建立与客户的良好互动。

（4）巧妙提问。销售人员运用巧妙提问，了解客户的真实情况，尤其是具体需求。

（5）达成共识。销售人员达成与客户之间的相互认同与共识，客户产生进一步了解公司、产品的兴趣。

以上销售人员的第 3 至 5 项行动流程，对应于客户 5 大购买决策中的销售人员。

（6）"赢销"企业。销售人员向客户介绍企业和品牌，获得客户的认同。

销售人员的第 6 项行动流程，对应于客户 5 大购买决策中的公司。

（7）"赢销"产品。销售人员向客户介绍产品的价值，介绍产品能为客户带来的好处和福利，获得客户的认同。

销售人员的第 7 项行动流程，对应于客户 5 大购买决策中的产品。

（8）要求承诺。销售人员的这一项行动在营销流程中称为逼单，或踢单。根据具体情境，销售人员可以委婉温和表达，有时也需要强势地要求客户，有效推进、实现"临门一脚"——成交。在互联网支付时代，营销人员可以尝试面带微笑地直接询问客户："您看您是微信、支付宝，还是现金支付？"

销售人员的第 8 项行动流程，对应于客户 5 大购买决策中的价格。

（9）确认销售。最佳的购买时间，就是现在。帮助客户支付货款，销售成功。

销售人员的第 9 项行动流程，对应于客户 5 大购买决策中的购买时间。

（10）销售回顾。收到了客户的货款，销售并没有结束，还有非常重要的最后一步，即对整个销售过程进行基于理性逻辑的总结和反思，这也是真正体现和彰显销售人员是否具备全面专业销售素质的关键一步。这一项行动流程包括 3 个主要内容：①将整个销售过程中有效的销售行为做成标准化的流程，进而能够在销售团队中分享成果，交流经验，总结可以重复运用的销售策略和方法；②将其中无效、延迟成交的销售行为提炼出来，进行针对性整改；③提出其中尚未解决的问题，在适当时机寻求团队智慧的帮助，在以后的销售中时时关注，以期尽快解决。

7.6.4　新的客户购买路径——5A 模型

新的客户购买路径 5A 模型着重从客户体验的角度来做出描述，分为了解、吸引、问询、行动、拥护五个步骤，反映了客户之间的连通性，如表 7-3 所示。

1. 了解

客户从各种渠道初步了解产品的信息。

2. 吸引

由于亲友推荐、产品的口碑不错、广告传播效果好等原因，客户被品牌吸引，产生进一步了解品牌的兴趣。

表 7-3 描绘客户购买路径的 5A 模型

5A	A1	A2	A3	A4	A5
客户购买路径	了解	吸引	问询	行动	拥护
客户行为	客户被动地接受着来自过去产品体验、营销互动和其他人的体验等多方面的各种产品信息	客户处理已知的信息，加工成短期或长期信息，并选定几个中意的品牌	受到好奇心驱使，客户积极跟进吸引他们的品牌，从家人、朋友、媒体甚至产品本身获取信息	客户获得足量信息后，做出购买选择，通过购买、使用和服务程序进行进一步的产品交互	随着时间推移，客户越来越忠于品牌，并反映在留存率、再购买率和最终的品牌拥护上
可能的客户触点	1. 从他人处知晓品牌 2. 无意中接受品牌推广 3. 想起过去的用户体验	1. 被品牌吸引 2. 形成心仪的品牌清单	1. 向朋友寻求帮助 2. 在网上查看使用评价 3. 拨打客户服务热线 4. 比价 5. 在实体店购买	1. 在线上或线下购买 2. 首次使用产品 3. 反馈问题 4. 享受服务	1. 继续使用 2. 再次购买 3. 推荐给他人
客户印象关键词	我知道	我喜欢	我相信	我要买	我推荐

3. 问询

客户开始主动去问询产品的详细信息。

4. 行动

在评价、比较各种产品之后，客户产生购买行动。

5. 拥护

由于产品使用体验感觉良好，客户对品牌产生了认同度、美誉度，进而产生品牌忠诚度，出现更多的重复购买和转介绍。

5A 模型中的五个阶段，并非严格的直线性，有时候甚至是螺旋形的，因为这其中往往是理性与感性相混合交织的思维和体验过程。例如，客户由于时间有限，往往可能跳过其中的"问询"阶段，直接去购买，对于一些低价位小宗产品尤其如此。

5A 模型是一种可以适用于所有产品品类的灵活框架，能真实地反映客户的购买进程。让不同行业间相互比较，并由此揭示行业的特征。它还能展示各个竞争品牌与客户之间的关系。

总之，营销的最终目标是使客户从了解产品到拥护产品。

7.7 从传统到数字的互联网营销

比尔·盖茨说,"21世纪,要么电子商务,要么无商可务"。

网络营销作为信息化社会的必然产物,将成为新世纪的主要营销方式,这也是很多人主动学习网络营销的初衷。

7.7.1 互联网营销

1. 互联网营销简介

"互联网营销"的同义词包括网上营销、网络营销、在线营销、网络行销等。简而言之,互联网营销就是指借助互联网为技术开展的营销活动。

企业应当充分认识互联网这种新的营销环境,利用各种互联网技术为企业营销活动提供有效的支持。

2. 互联网营销的分类

(1)一般互联网营销,指组织或个人基于开放便捷的互联网络,对产品、服务所做的一系列经营活动,从而满足组织或个人需求的全过程。

(2)整合互联网营销,指通过整合各种有效的互联网营销手段,营造网上营销环境,为实现企业总体经营目标服务的各种互联网营销活动。

(3)颠覆式互联网营销,指企业应跳出一般互联网营销的模式,以高端的商业策划为指导,突破常规互联网营销方法,创造出独特、新颖、有创意的颠覆式互联网营销方法,品牌和产品才能具备持久的吸引力,产生老客户重复购买、让老客户带来新客户、实现更高效的互联网营销成果。

(4)社会化互联网营销,指以人际关系为核心,将社会化网络与传统论坛相结合,构建更为强大的网络社区新兴互联网营销模式。如Facebook、Twiter、开心网等社会化互联网营销的经典网站。这是集广告、促销、公关、推广为一体的营销模式,在精准定位的基础上展开,是典型的整合营销行为,要树立"精品意识",减少"互动参与"的疲劳、创意、执行力、公信度、传播面样样都要出彩,才能达成人们口碑效应的良性传播。

3. 互联网营销与传统营销的四大区别

1)营销理念的不同

传统的市场营销观念,如生产观念,产品观念,推销理念等,均以企业的利益为中心,未能充分考虑消费者的需求,单纯追求低成本的规模生产,极易导致产销脱节现象的产生。一些现代的营销观念,如市场营销观念,社会营销观念等,尽管提出了以消费者需求为中心的口号且努力付诸实施,但执行状况并不尽如人意。

而互联网营销的观念在传统营销理论的基础上，更加注重消费者的个人感受，不再把规模化生产作为重点考虑因素，产品的个性化特征得到极大提升，在互联网上，"只有想不到，没有买不到"就是这个意思。

例如，我们认为很小众的产品，如果以某个地区或者某些省为目标市场，它的容量仍然不够大，生产出来赢利的可能性很小，但是如果以全国和全世界为目标市场，则有可能会产生很大的销售量，因为网络为我们几乎免费地提供了向全国甚至全世界销售商品的可能性！

2）信息传播方式和内容的转变

在信息传播的方面，传统营销争取客户的手段是单向的信息传播方式（如广告宣传），消费者处于被动地位，他们只能根据企业提供的固定信息来决定购买意向。

在网络上，互联网营销采用了交互式双向信息的传播方式，企业与消费者之间的沟通及时而充分，消费者在信息传接的过程中可主动查询自己需要的信息，也可以反馈自己的信息。

3）营销竞争方式的差异

传统营销是在现实空间中，厂商进行面对面的竞争，游戏规则就像是"大鱼吃小鱼"；而互联网营销则是通过网络虚拟空间进入企业、家庭等现实空间，游戏规则像是"快鱼吃慢鱼"。

从实物到虚拟市场的转变，使得具有雄厚资金实力的大规模企业不再是唯一的优胜者，也不再是唯一的威胁者。在网络营销条件下，所有的企业都站在同一条起跑线上，这就使小公司实现全球营销成为可能。

> **扩展阅读**
>
> 互联网营销与传统营销的区别案例

4）营销策略的不同

在传统营销策略中，利润最大化是企业追求的目标，产品、价格、渠道和促销成为企业经营的关键性内容。

而在互联网营销中，营销环境发生了变化，没有地域概念，宣传和销售渠道统一在网上，营销成本大幅度下降，所以网上产品价格便宜是绝大多数消费者开始在网上买东西最深的体会，因此，价格策略的运用也受很大限制，这就促使传统的4P组合策略向4C组合策略转化。两种理念的对比如图7-8所示。

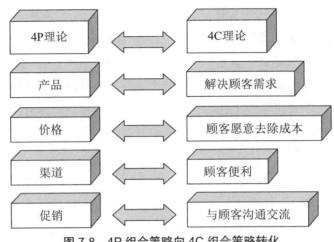

图 7-8 4P 组合策略向 4C 组合策略转化

4. 互联网营销的十大优势

（1）网络媒介具有传播范围广、速度快、无时间地域限制、无时间约束、内容详尽、多媒体传送、形象生动、双向交流、反馈迅速等特点，可以有效降低企业营销信息传播的成本。这一特点，从全国企业广告投入的情况就可清楚看到：

例如，如图 7-9 所示，根据 CTR 媒介智讯的数据，2019 年 1 月至 2020 年 1 月，我国广告投放刊例花费整体呈负增长趋势，2019 年 2 月下降幅度最大达 18.3%，下降幅度虽然有所放缓，但是整体而言，我国广告投放刊例花费下降幅度仍然较大。2020 年 1 月，我国广告投放刊例花费下滑 5.6%。

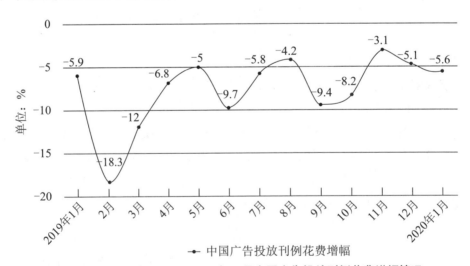

图 7-9 2019 年 1 月至 2020 年 1 月中国广告投放刊例花费增幅情况

资料来源：前瞻产业研究院整理

（2）网络销售无店面租金成本，且有实现产品直销功能，能帮助企业减轻库存压力，降低运营成本。伴随着中国房地产价格的逐年攀升,实体店的房租水涨船高,很多流通企业被压得喘不过气来,随着网络经济的兴起,大量企业转向网络销售,商业地产的销售和租赁价格已不再合适。

(3)国际互联网覆盖全球市场,通过互联网,企业可方便快捷地进入任何一个国家的市场。根据前瞻产业研究院《2020年中国跨境电商行业市场现状及竞争格局分析》报道,2019年,全球网民规模已突破43亿人,随着全球互联网的普及,我国跨境电商行业迎来了较好的发展机遇。数据显示,2010年以来,我国跨境电商行业的交易规模几乎保持了20%以上的增速,2019年,我国跨境电商交易规模达10.5亿元,不仅我国的优良产品大量出口国外,而且全世界的优质产品也受广大中国消费者的喜爱。

(4)互联网营销具有交互性和纵深性,它不同于传统媒体的信息单向传播,而是信息互动传播。通过链接,用户只需简单地点击鼠标,就可以从厂商的相关站点中得到更多、更详尽的信息。另外,用户可以通过广告位直接填写并提交在线表单信息,厂商可以随时得到宝贵的用户反馈信息,进一步减少了用户和企业、品牌之间的距离。同时,互联网营销可以提供进一步的产品查询需求。未来消费者和市场的变化特点是:年轻化、去品牌化、私人定制化。

由此会带来体验式消费需求的快速成长。为了满足客户的需求,未来的企业将需要能够具有以下的能力:私人定制、柔性制造、高性价比。随着信息社会的发展,信息获取和分析的成本将越来越低,这也将会导致品牌在市场中的溢价能力越来越弱。也就是说,越来越多的消费者可以花更少的钱买到更多他们喜爱的商品。

(5)网络广告成本低、速度快、更改灵活,因此,互联网营销制作周期短,即使在较短的周期进行投放,也可以根据客户的需求很快完成制作,而传统广告制作成本高,投放周期固定,不能快速灵活地反映市场的变化情况。

(6)多维营销。纸质媒体是二维的,而互联网营销则是多维的,它能将文字、图像和声音有机地组合在一起,传递多感官的信息,让顾客如身临其境般感受商品或服务。互联网营销的载体基本上是多媒体、超文本格式文件,广告受众可以对感兴趣的产品信息进行更详细的了解,使消费者能亲身体验产品、服务与品牌。

(7)更具有针对性,锁定客户更为精准。通过提供众多的免费服务,网站一般都能建立完整的用户数据库,包括用户的地域分布、年龄、性别、收入、职业、婚姻状况、爱好等,便于企业对客户群体进行深度分析,且节约大量调查成本。

(8)为用户提供的消费参考信息有可重复性和可检索性。互联网营销可以将文字、声音、画面结合之后供用户主动检索,重复观看。而与之相比电视广告却是让广告受众被动地接受广告内容,一闪而过,只能起瞬间影响的作用。

(9)受众关注度高。资料显示,电视并不能集中人的注意力,电视观众40%的人同时在阅读,21%的人同时在做家务,13%的人在吃喝,12%的人在玩赏他物,10%的人在烹饪，9%的人在写作，8%的人在打电话。而网上用户55%在使用计算机时不做任何其他事，只有6%的人同时在打电话，只有5%的人在吃喝，只有4%的人在写作。

（10）互联网营销缩短了媒体投放的进程。企业在传统媒体上进行市场推广一般要经过三个阶段：市场开发期、市场巩固期和市场维持期。在这三个阶段中，厂商要首先获取注意力，创立品牌知名度；在消费者获得品牌的初步信息后，推广更为详细的产品信息。然后是建立和消费者之间较为牢固的联系，以建立品牌忠诚。而互联网将这三个阶段合并在一次广告投放中实现：消费者看到互联网营销，点击后获得详细信息，并填写用户资料或直接参与企业的市场活动甚至直接在网上实施购买行为。

5. 互联网营销的特点

随着互联网技术发展的成熟以及联网成本的低廉，互联网将企业、团体、组织以及个人跨时空连接在一起，使得他们之间信息的交换变得"唾手可得"。市场营销中最重要也最本质的是组织和个人之间进行信息传播和交换。如果没有信息交换，那么交易也就是无本之源。正因如此，互联网具有营销所要求的某些特性，使得互联网营销呈现出以下特点：

1）时域性

营销的最终目的是占有市场份额，由于互联网能够超越时间约束和空间限制进行信息交换，使得营销脱离时空限制进行交易变成可能，企业有了更多时间和更大的空间进行营销，可随时随地提供全球性营销服务。

2）富媒体

互联网被设计成可以传输多种媒体的信息，如文字、声音、图像等信息，使得为达成交易进行的信息交换能以多种形式存在和交换，可以充分发挥营销人员的创造性和能动性。

3）交互式

互联网通过展示商品图像，商品信息资料库提供有关的查询，来实现供需互动与双向沟通。互联网为产品联合设计、商品信息发布，以及各项技术服务提供最佳工具。

4）个性化

互联网上的促销是一对一的、理性的、消费者主导的、非强迫性的、循序渐进式的，而且是一种低成本与人性化的促销，避免推销员强势推销的干扰，并通过信息提供与交互式交谈，与消费者建立长期良好的关系。

5）成长性

互联网使用者数量快速成长并遍及全球，使用者多属年轻、中产阶级、高教育水准，由于这部分群体购买力强而且具有很强的市场影响力，因此是一项极具开发潜力的市场渠道。

6）整合性

互联网营销可从商品信息至收款、售后服务一气呵成，因此也是一种全程的营销渠道。另一方面，企业可以借助互联网将不同的传播营销活动进行统一设计规划和协调实施，以统一的传播资讯向消费者传达信息，避免因不同的传播途径而造成的不一致性产生的消极影响。

7）超前性

互联网是一种功能最强大的营销工具，它同时兼具渠道、促销、电子交易、互动顾客服务，以及分析与提供市场信息的多种功能。它所具备的一对一营销能力，正是符合定制营销与直复营销的未来趋势。

8）高效性

计算机可储存大量的信息，可传送的信息数量与精确度远超过其他媒体，及时更新产品或调整价格，因此能及时有效了解并满足顾客的需求。

9）经济性高

通过互联网进行信息交换，代替以前的实物交换，一方面可以减少印刷与邮递成本，可以无店面销售，免交租金，节约水电与人工成本，另一方面可以减少由于迂回多次交换带来的损耗。

10）技术性低

互联网营销大部分是通过网络宣传、推广，其技术含量相对较低，对于企业而言，是小成本、大产出的经营活动。

6. 互联网营销的技巧

（1）增加潜在客户数据。浏览网站的人多，直接购买的人少，对绝大部分的企业而言，浪费掉了非常多的潜在客户。所以企业一定要善用营销策略和技巧，让登录企业网站的大部分用户都心甘情愿地主动留下联系方式。这样，只要企业不断开展让潜在客户乐意接受的数据库营销策略，他们就会逐步成为你的客户。

（2）影响潜在客户决策。绝大部分人都有从众心理。在购买产品的时候，其他购买过的人对产品的评论会对潜在客户的购买决策影响非常大。所以在每个产品的推介页面中，都要合理放置若干个其他客户从各个角度对这个产品的正面评价。

（3）促进重复购买的优惠券策略。一个客户订购成功之后，一定要赠送客户一张优惠券，然后在一定期限内，购买产品的时候，优惠券可以充当一定的金额。这样客户就会想办法把这张优惠券花掉，或者赠送给有需要的朋友。

（4）数据库营销。定期推送对客户有价值的信息，同时合理地附带产品促销广告。企业必须研究客户真正喜欢看到的信息，不可生硬地向客户推送广告，一定要向客户发送用户喜欢的信息，合理地融入广告。

（5）网络营销外包。网络营销外包又称为网站或网络推广外包，就是把原本需要企业雇人实现的网络营销工作以合同的方式委托给专业网络营销服务商完成。是以互联网为平台，在深入分析企业现状、产品特点和行业特征的基础上，为企业量身定制个性化的高性价比的网络营销方案,并全面负责方案的有效实施,同时对网络营销效果进行跟踪监控,定期为企业提供效果分析报告。

网络营销服务商通过整合利用企业内外部的优势资源,通过自身专业的技术、精准的营销策略、有效的执行,从而达到降低成本、提高效率、充分发挥自身核心竞争力和增强企业环境应变能力的目的,进而创造更高的效益。

7.7.2 互联网营销的15种方法

随着互联网时代的兴起,互联网营销已经成为21世纪营销模式的新宠。传统企业的单纯市场营销手段很难开辟更广阔的市场,而互联网营销给企业带来了新的发展契机。下面列举15种互联网营销的方法。

1. 搜索引擎营销

搜索引擎营销是目前最主流的一种营销手段,因其大多数是自然排名,不需要太多花费,因此受中小企业的重视。现在互联网普及千家万户,"有问题问百度"已经成为当今互联网时代的一个代名词,所以基于搜索结果的搜索引擎营销推广无疑是互联网营销体系的重要组成部分。主要方法包括搜索引擎优化、竞价排名、分类目录、网盟广告、图片营销、网站链接策略、第三方平台推广营销等。个人可以把搜索引擎与自己所建立的网络门户,如博客、微博等相互关联,以增加访问量、知名度和关注度。

2. 即时通讯营销

即时通讯营销是互联网营销最普遍的一种形式之一,常见的即时通信工具有QQ、微信等,企业用户通过即时工具与用户及时互动,此外还可以发布一些企业信息和产品信息,让更多消费者认识和了解。

3. 聊天群组营销

聊天群组营销是即时通信工具的延伸,是利用各种即时聊天软件中的群功能展开的营销。聊天群组营销具有即时通信工具成本低、即时效果和互动效果强的特点,广为公司和营销员采用。它是通过发布一些文字、图片、计划书等方式传播公司品牌、产品和服务的信息,从而让目标客户更加深刻地了解企业的产品和服务,最终达到宣传公司的品牌、产品和服务的目的,是加深市场认知度的网络营销活动。营销员可以直接建立自己营销的社群,来销售自己公司的产品。

4. 病毒式营销

病毒式营销是企业最希望用的一种互联网营销方式。因其能够在短时间内迅速将信息蔓延出去,形成一种强大的磁场,让信息沸腾,让企业成名,从而被众多企业喜欢。病毒式营销所利用的是用户的口碑传播,正所谓有口皆碑,这种口口相传的模式基本上是用户自主传播的,几乎不需要费用。

很多品牌也会利用转发产品信息，即可获得礼品或者免费体验机会的形式，以达让更多人了解和关注产品的目的。比如 2008 年北京奥运会期间，可口可乐公司推出了火炬在线传递活动，这个活动堪称经典的病毒性营销案例。如果用户有火炬在线传递的资格，将获得"火炬大使"的称号，在头像处将出现一枚未点亮的图标，之后就可以向用户好友发送邀请了。

5.BBS 营销

BBS 营销又称论坛营销，在大型的社交论坛、地方论坛或者游戏论坛上，几乎每天都有几百人在线，拥有强大的用户群体，这种"人流量"极大的论坛是最适合做互联网营销的平台。论坛就是利用论坛这种网络交流平台，通过专业的策划、再通过富有创意的文字、图片、视频等方式进行有策略的落地执行发布来推广自己企业的品牌、产品和服务，从而让目标客户更加深刻地了解企业，最终达到自主传播企业的效果，从而加深了企业的品牌知名度，进而带来企业的高访问量，带动企业产品的销售。

6. 博客营销

博客营销是通过博客网站或博客论坛接触博客作者和浏览者，利用博客作者个人的知识、兴趣和生活体验等传播理念和产品信息的营销活动。博客营销通过原创专业化内容进行知识分享，争夺话语权，建立个人品牌，树立自己"意见领袖"的身份，进而影响读者和消费者的思维和购买行为。

7. 网络知识性营销

网络知识性营销就是运用互联网上的资料来进行企业及产品营销。网络知识性网站包括但不限于：百度知道、百度经验、百度贴吧、搜搜问答、360 问答、新浪爱问知识人、道客巴巴等平台或公司网站自建的疑问解答板块等平台，通过与广大客户之间提问与解答的方式来传播公司的品牌、产品和服务的信息。网络知识性营销主要是因为扩展了客户的知识层面，让客户体验公司和营销员个人的专业水平和高质服务，从而对公司和个人产生信赖和认可，最终达到传播企业品牌、产品和服务的信息的目的。

8. 事件营销

事件营销是当今最流行的一种营销方式，事件之所以能够形成事件，是因为有精心的策划和实施。制造营销事件的步骤是：确定传达目标、分析当下舆论环境、制定话题传达方案、组织话题实施步骤。这种形式能够让大众乐此不疲地参与进来，在享受乐趣的情况下帮助企业扩大事件影响力，从而吸引更多人的关注与参与，改善并增进企业与公众之间的关系，塑造良好的企业形象。众所周知，好人缘的人会得到更多的认可和帮助，对于企业也是一样，一个有着良好形象的企业也会增加企业的成功率。

9. 互联网口碑营销

网络口碑营销是把传统的口碑营销与网络技术有机结合起来的新营销方式，运用互联网互动便利的特点，通过客户或公司营销员以文字、图片、视频等口碑信息与目标客户之间进行互动沟通，两者对企业的品牌、产品、服务等相关信息进行讨论，从而加深目标客户的影响和印象，最终达到网络营销的目的。网络口碑营销是 Web2.0 时代网络中最有效的传播模式。网络口碑营销在国际上已经盛行了很久，美国还有专门的协会来对此领域进行专门的权威探讨。

10. 互联网直复营销

互联网直复营销是指通过 B2B、B2C 等网站发展自己的分销渠道，直接面向终端客户，将自己的产品营销出去。这种形式可以将传统的直销与网络有机地结合在一起，从而形成一种具有颠覆性的营销模式，扩大自己的产品销售途径。从而还能够减轻企业因为要建立营销分部以及人员配备等成本问题而带来的企业压力，这种成本少、收入多的营销模式被大众企业广为应用。

11. 互联网视频营销

互联网视频营销指的是公司或营销员将各种视频短片放至互联网上，宣传公司和自己个人品牌、产品以及服务信息的营销手段。网络视频广告的形式类似于电视视频短片，它具有电视短片的种种特征，如感染力强、形式内容多样、创意性强、生动活泼等特点，又具有互联网营销的优势，如互动性、主动传播性、传播速度快、成本低廉等。网络视频营销是将电视广告与互联网营销两者的优势集于一身的方式。

12. 互联网图片营销

互联网图片营销与搜索引擎营销的原理很像。只不过搜索引擎营销利用的是搜索出来的文字内容，从而进入公司网站，而图片营销是通过很多有创意的图片在各大网站以及官网上发布，从而被搜索引擎抓取。当人们在搜索图片的时候，图片就会显示出来，进入大众视野，进而当用户想要进一步了解产品及公司的时候就会随着图片进入企业官网，最终宣传公司品牌、产品、服务等信息，来达到产品营销的目的。这种图文并茂的销售图片，说服力强、形象生动，客户容易接受。

13. 互联网软文营销

互联网软文营销，顾名思义就是相对于硬性广告营销而言的。它是网络新闻营销的一种，硬性广告就是直接宣传企业、宣传人物、产品或者服务的新闻性通告，而软文是一种非常自然地流露出企业及产品的宣传而不被大众反感的这样一种营销策略。利用好软文营销，是一种非常省钱又非常见效果的一种营销方式，无论是推广品牌还是推广产品都是极好的一种方式，然而现在随着消费者对此种互联网营销模式的认识加深，消费者越来越精明，基本上软文中夹带的推广信息也都会被大众所知晓，但是只要你的软文写得够高明，消费者不反感，就仍然能够达到效果。

14. 简易方式营销

简易方式（really simple syndication，RSS）营销又称网络电子订阅杂志营销。RSS 营销的特点决定了其比其他邮件列表营销具有更多的优势，是对邮件列表的替代和补充。

使用 RSS 的都是以行业内人士居多，如研发人员，财经人员，企业管理人员等，他们会在一些专业性很强的科技型、财经型、管理型等专业性网站，用邮件形式订阅公司的杂志和日志信息，而达到了解行业信息的需求。

15. 社会性网络服务营销

社会性网络服务（social networking services，SNS）营销是一种社区网站营销形式。常见的社区交友网站包括人人网、朋友网、开心网等。这些平台在互联网兴起的时期，是非常受大众欢迎的，现在虽然人们的眼球已经逐渐放在微信上，但是这种社区交友和分享平台仍然能够发挥它的作用。它是利用网站的分享和共享功能实现的一种营销。

只有懂得利用互联网营销的企业，才能实现更全面的发展。善用互联网络营销，随时都有可能创造奇迹。谁能营销网络，谁就能营销未来的市场。否则，企业真的会像网络上说的那样，"如果错过互联网，与你擦肩而过的不仅是机会，而是整个时代"。

7.7.3 电商营销系统

1. 电商的初起源和升级

1993 年，电子商务概念被引入中国。

1998—2002 年，进入电子商务民用阶段。

1999 年，8848 以 B2C 形式、阿里巴巴以 B2B 形式开始正式电子商务，网上购物开始实际应用。

2003—2006 年，电子商务网站成批涌起，如当当、京东、淘宝等。

2. 电视购物逻辑的简化——电视购物四大要点

电视购物广告通常重复插播在电视连续剧的播出时段，在短时间内多次重复播放，高频冲击观众视野。在 21 世纪的今天，电视购物的市场虽然已经被手机购物大大侵占，但仍然有其固定的一批目标消费者群体，即有大量空余时间、喜欢看电视肥皂剧的家庭主妇人群和老年退休人群。

电视购物的逻辑是一个固定的套路，可分为以下四点。

1）给客户下危机，放大痛苦

比如某一款生发剂产品，首先展示大量的脱发者、秃头者图片，其表情痛苦，因为头发问题失去了工作和爱情，痛哭流涕，形容忧郁……

2）产品认证

生发剂产品横空出世，有诸多科学家为其背书，有诸多国际或国家的第三方权威认证：现代高科技研发、复合配方、原料全球甄选、植物提取、现代化生产等。

3）客户使用效果见证

电视界面放上该生发剂产品的使用者的各种图片：事业成功、家庭幸福、喜笑颜开、生机蓬勃等，令电视机前的脱发观众心动不已。

4）唱价格

电视购物广告推送产品价格。之所以用"唱"，是因为这个环节的主播或画外音必须抑扬顿挫，热情激昂，常见方式是"原价 2 800 元，现价 388 元，买一送一"等，关键是"仅限于打进电话的前 1 000 名客户！时不我待，机不可失，失不再来！心动不如行动，赶快拿起你的手机订购吧！"……让客户在大量形象图片和数据的冲击下，已经认可了该生发剂的品质，产生了购买欲望，现在有一个非常有优惠的价格，客户购买顺理成章。

7.7.4 新的电商营销方式

在当下，我们所有人都能感受电商竞争的激烈。被商家制造出来的双十一、双十二，已经成为一年几度的销售业绩高峰。从无厘头的营销数字游戏，发展至全民网上疯抢，中国电子商务的火爆和全面扩张超乎想象，而电商的升级更是马不停蹄……

传统电商已经升级为直播带货等一系列新模式基础上的"发现式消费"，涌现出一大批网红电商主播和带货达人。主播推荐具有一种榜样式的特性，消费者观看一场直播、参与直播购物，在不同的直播之间切换，就像在"云逛街"。

可以预见，未来还会出现更多不断更新迭代的创新营销方式。

企业要在市场中立于不败之地，获得持续盈利的机会，别无他途，唯有让自己更强大，打造出企业不可为人复制的核心竞争力。

思考题

1. 试以企业实例说明科特勒营销 STV 三角模型。

2. 简述 4P、4C 与 4R 的区别和内在逻辑联系。

3. 试以产品实例说明客户购买路径 5A 和营销人员的 10 项行动流程。

4. 试根据电视购物四大要点，阐述抖音的带货逻辑。

扩展阅读

7 天连锁酒店的品牌塑造

即测即练

微课视频

第8章 整合创业资源

学习目标

1. 掌握创业资源的概念，识记创业资源整合的三种基本方法；
2. 熟悉创业资源的获取渠道，在创业过程中能够运用创业资源整合的三种基本方法，合理获取、整合及管理资源；
3. 树立正确的创业观，初步具备提升自我一般人力资本和特殊人力资本的战略方向和具体可执行的战术方法，持续累积能产生杠杆效应的人力资源。

案例导入

蒙牛：牛根生的创业资源整合之路

没有任何资源，难道就不能做事情，不能创业，就不能赚大钱吗？我们不能被眼前的困难吓倒了，要明白一个道理，资源是可以整合的，没有工厂，可以借别人的工厂生产；没有品牌，就先借用别人的品牌，然后积累了一定基础后，做自己的品牌，同时也可以整合其他品牌资源。企业的资源几乎都可以整合。当今时代，靠一个企业独立经营，单打独斗，力量是十分有限的，一定要整合各方面的资源才能把一个企业做大。

牛根生是这方面的牛人，牛根生刚开始只是伊利的一个洗碗工，凭着自己的勤奋和聪明做到生产部门的总经理。后因各种原因辞职，但那时他已经40多岁了，去北京找工作，用人部门嫌弃他年纪大。没有办法又回到呼和浩特，邀请原来伊利几个同事，一起出来创业，但是面对没有奶源、没有工厂、没有品牌，如何创业？

第一：资源整合。牛根生通过人脉关系找到哈尔滨一家乳制品公司，这家公司设备都是新的，但是生产的乳制品质量有问题，同时营销渠道又没有打通，所以产品一直滞销，牛根生马上找到这家公司的老板，说："你来生产，我们来把质量关，牛奶的销售铺货我们也承包了。" 这位老板一听，马上答应下来。而且他们几个一起出来创业的伙伴也有落脚的地方，解决了生存的问题。

第二：解决品牌问题。在乳制品这个行业，没有品牌很难销售，因为品牌代表着安全、可靠。借势，整合，打出口号。"蒙牛甘居第二，向老大哥伊利学习"，口号一出，让伊利情何以堪，却又哭笑不得。一个不知名的名牌马上挤入全国前列。牛根生不只是盯着伊利，而是把自己和内蒙古的几个知名品牌联系起来，说："伊利、鄂尔多斯、宁城老窖、蒙牛为内蒙古喝彩！"因为前三个都是内蒙古驰名商标，蒙牛放在最后，给人感觉就是内蒙古的第四品牌。牛根生整合品牌资源，让蒙牛没有花一分钱，迅速成为了知名品牌。

第三：解决奶源。自己去买牛去养，牛很贵，而且也没有那么多人员去照顾牛，蒙牛整合了三方面的资源：农户、农村信用社、奶站的资源。农村信用社借钱给奶农，蒙牛担保，而且蒙牛承诺包销路。奶牛生产出来的牛奶由奶站接受，蒙牛又找到奶站。蒙牛定时把信用社的钱还上，把利润又给了奶农，趁机喊出一个口号："一年养10头牛，过的日子比蒙牛的老板还牛。"

很多时候，我们需要整合资源。发挥自己的长处，整合别人的优势。用更少的成本创业，或者说零成本创业。

（资料来源：搜狐网 https: //www.sohu.com/a/127279499_427564）

8.1 创业资源概述

无论何时何地，资源非常珍贵。资源是所有企业竞争力的第一要素，任何人、任何企业不可能拥有无限的资源，所以，很多时候，必须去设法取得资源、分配资源、运用资源，这就是资源整合。新企业在整个创业过程中需要有效识别各种创业所需资源，那么什么是创业资源呢？

8.1.1 创业资源的概念

资源就是任何一个主体，在向社会提供产品或服务的过程中，所拥有或者所能够支配的能够实现自己目标的各种要素以及要素组合。巴尼（Barney）认为创业资源是指企业在创业的整个过程中先后投入和使用的企业内外各种有形的和无形的资源总和。林强认为创业资源是企业创立以及成长过程中所需要的各种生产要素和支撑条件。综合上述观点，创业资源是指创业主体在创造价值的过程中所需要的要素和条件。

8.1.2 创业资源的作用

创业资源贯穿整个创业过程，在不同创业阶段体现不同的作用。在创业初期，创业资源往往能带来创业机会，而在创业成长期，创业资源的有效整合可以为企业带来生机和竞争优势。创业者获取创业资源的目的是组织资源并加以合理完善的分配、使用进而使其实现创业机会，同时提高创业绩效最终获得创业的成功。

资源是创业企业从成功创建至逐步发展所不可缺少的基础。独特的资源基础是企业构建和保持竞争优势的必要条件。

【创业测试】

作为一名在校大学生，知识技能与人脉是创业初期十分重要的资源。回答表 8-1 所示的创业资格测试表中对应的问题，得分 40 分以上才有较好的创业资源基础，具备创业资格。

表 8-1 创业资格测试表

考察点	问题	5分	4分	3分	2分	1分	0分
知识技能	你参加过专业知识或技能方面的比赛，并获奖吗	很多	比较多	一般	比较少	几乎没有	完全没有
	你有自己主持或参加专业知识或技能方面的课题经验吗	很多	比较多	一般	比较少	几乎没有	完全没有
	你的老师或同学对你的专业知识的信赖度如何	很多	比较多	一般	比较少	几乎没有	完全没有
	你曾为班级/学院/学校提出好的建议或方案而获得好评吗	很多	比较多	一般	比较少	几乎没有	完全没有
	你曾经策划或参与过成功的策划吗	很多	比较多	一般	比较少	几乎没有	完全没有
	你参加过创新创业比赛，经历过创业路演吗	很多	比较多	一般	比较少	几乎没有	完全没有
	除了专业课程以外，你修读了诸如法律、财务、人力等方面的课程吗	很多	比较多	一般	比较少	几乎没有	完全没有
人脉资源	你有参加学生组织或社团吗	很多	比较多	一般	比较少	几乎没有	完全没有
	你的朋友对你的学习上的交往与人缘的评价如何	很多	比较多	一般	比较少	几乎没有	完全没有
	你的手机或微信通讯录里的好友多吗	很多	比较多	一般	比较少	几乎没有	完全没有
	拿起电话马上就能谈心的朋友有多少	很多	比较多	一般	比较少	几乎没有	完全没有
	你认识自己专业以外的同学吗	很多	比较多	一般	比较少	几乎没有	完全没有
	你认识学校以外的人士吗	很多	比较多	一般	比较少	几乎没有	完全没有

8.2 创业资源的种类及获取

8.2.1 创业资源的分类

创业资源的分类方式有很多种，可以按创业资源来源分类，分为自有资源和外部资源；按创业资源存在的形态分类，分为有形资源和无形资源；按创业资源参与的程度分类，分为直接资源和间接资源；按创业资源重要性分类，分为核心资源和非核心资源；按创业资源的性质分类，分为人力资源、组织资源、技术资源、声誉资源、物质资源和财务资源。

其中最常见的是按创业资源的性质来分类，有研究学者在此分类基础上进一步将资源分为简单资源和复杂资源，前者是指有形的、离散的、以产权为基础的资源；后者指无形的、系统的、以知识为基础的资源。本书亦采用此分类形式。在六类资源中，物质资源、财务资源属于简单资源，是企业有形的、以产权为基础的资源；人力资源、技术资源、组织资源、声誉资源属于复杂资源，是企业无形的、以知识为基础的资源。

1. 物质资源

物质资源是指企业在开创及发展中，需要的如房屋、设备、原材料、机器等有形资源。一些自然资源如矿山、森林也可能成为企业的物质资源。

2. 财务资源

财务资源也叫资金来源，主要包括现金、有价证券、厂房、设备等。资金犹如血液流淌在创业的各个环节、各个方面中，它是企业创办经营的起点，更是企业生存发展的基础。财务资源可以来源于创业团队内部筹集，也可以来源于政府部门、朋友家人、有关企业或机构。大学生在创业初期很容易遇到缺少资金的问题，可以从内外部充分挖掘资源而获得。

3. 人力资源

人力资源主要包括创业者及其团队的知识、能力、经验，以及创业者及其团队所拥有的社会关系、市场信息等。创业中创业团队自身的人力资源十分关键，其所拥有的社会关系网络能为企业带来大量的外部资源，降低创业潜在风险，加强与合作伙伴的关系。其中团队中的核心人物起重要的作用，如微软的比尔·盖茨、苹果的乔布斯等，他们的决策、认知、信念等往往会决定公司的发展方向。高素质人才的获取和开发，是新创企业可持续发展的关键。

4. 技术资源

技术资源泛指企业根据生产经验和自然科学原理发展成的包括关键技术、生产工艺、制造流程等方法与技能的总称。一般而言，技术资源包括产品制造技能、生产过程创新能力、资源研发能力、技术变革预测等。这类资源可以使企业成功地研发新产品、有效地进行技术扩散，并以此使企业获得技术领先优势和利润。对于新创企业而言，技术资源往往可以成为企业立身之本，因为它可以决定所需创业资本的大小、产品竞争力和盈利能力等。技术资源大多与物质资源相结合，形成企业的无形资产，保证技术资源的持久性与稳定性。

5. 组织资源

组织资源包括企业的组织构架、信息沟通、决策体系、质量系统、工作流程规范等管理系统。组织资源是独特性最强的资源，可以使企业区别于其他竞争对手的资源。新创企业的组织资源一般来自创业者或创业团队的设计，并在企业发展过程中不断调整，从而使企业适应不同的环境，持续发展。

6. 声誉资源

声誉资源是企业在社会网络中与各方参与者进行无数次重复接触的过程中积累的外界对企业的信任感。企业声誉往往是企业行为和公众认知两方面互相作用的结果，良好的声誉资源可以增强产品的市场号召力、可以获得利益相关方的更多青睐，所以声誉资源可以看作是企业的无形资产。如果积累了不好的声誉，就会使企业的无形资产受损，还会影响其他有形资产。声誉资源有时能够成为企业所拥有的独特资源。

8.2.2 创业资源的获取方法

创业资源的获取是创业过程中的重要部分，越来越多的企业将创业时资源的获取放在首要位置。对于大学生而言，因为较缺少社会经验、人脉等，更需要注重调动各方获取资源，帮助企业顺利创办。

1. 运用政策性资源支持

1）创新创业相关政策

为支持大学生创业，国家和各级政府出台了许多优惠政策，涉及融资、开业、税收、创业培训、创业指导等诸多方面。对打算创业的大学生来说，了解政策是获得创业资源的第一步。为引导大学生多渠道就业，尤其是鼓励自主创业和灵活就业，政府出台了《关于进一步做好普通高等学校毕业生就业工作的实施意见》（以下简称"意见"）。意见规定，对于自主创业的毕业生，可以在注册登记、贷款融资、税费减免、创业服务等方面获得扶持。大学生创业可以放宽一定的行业限制，比如，在申办个体工商户、个人独资企业、合伙企业时，除法律法规另有规定外，将不受最低出资金额限制。另外，某些省市还对高校毕业生创业提供以下优惠政策，只要从事高科技、现代制造、现代服务业等行业、领域的投资与经营，还可将家庭住所、租借房、临时商业用房等作为创业经营场所。有创业想法的大学生应该积极关注国家教育部、发展和改革委员会、人力资源和社会保障部、共青团中央、妇联和工会的相关政策，也应该关注学校所在地或创业所在地的创业政策，在充分了解的基础上，选取适合自己的政策。

2）各类创业比赛平台

在校大学生可以利用各类型创新创业比赛，通过参加比赛将商业计划打磨更完整，并且通过比赛的路演平台，向社会各方展示自己的项目，吸引资金的支持和社会资源的支持。有很多优秀的大学生创业项目通过比赛进入了投资者的视线中，获得了高校及政府的政策支持。

3）创业园区及基地

积极利用各类型创业园区，目前各地都设有创业园或孵化基地，对于缺乏经验的大学生来说，带项目入园创业的，可免费获得创业指导服务，包括政策咨询、信息服务、项目开发、风险评估、开业指导、融资服务、跟踪扶持等"一条龙"创业服务。

2. 通过市场交易获取资源

市场交易获得资源的方式主要包括有购买、联盟、外包和众包等，目的是补齐资源短板。

1）购买

市场购买是获得资源最简捷的方式，可以通过市场购买获得大部分创业资源。对于人力资源短缺的公司，高层人才可以通过猎头或招聘，寻找和邀请与企业发展理念相同、有共同追求、技能互补的人员加盟，中层管理人员和一线员工可以通过招聘获得。技术资源同样可以通过购买获得，可以请技术团队入股或者通过技术转让的形式，用市场行为实现技术产权的转移。

2）联盟

联盟主要指通过联合其他企业或组织，通过平等合作获得企业之间的技术交流、共享销售渠道等方式完成企业的发展，联盟可以达到企业间资源上互为补充、风险共担。一种联盟属于横向联盟，也就是企业和行业竞争对手联盟；另一种属于纵向联盟，投入一产出关系之间的联盟，如丰田汽车与其零部件供应商之间构成的整车制造商—零部件独家供应商。

3）外包

外包是于20世纪80年代流行起来的商业用语，是商业活动决策之一，指企业整合利用其外部最优秀的专业化资源，将非核心业务下放给专门营运该项运作的外间第三者，从而达到降低成本、提高效率、充分发挥自身核心竞争力和增强企业对环境的迅速应变能力的一种管理模式。它强调的是高度专业化，主张企业"有所为、有所不为"；信赖专业机构和专业人士，主张"让专业的人干专业的事"。外包的范围主要包括产品制造过程外包和服务（技术开发、技术支持及其他服务活动）的外包。例如，招商银行会把一部分人力资源中非核心部分的工作交予专业服务机构承担，属于人事外包。

4）众包

众包的形式与外包类似，但性质完全不同。众包是互联网力量彰显的产物，是指企业或组织把一个公司或机构中由员工执行的工作任务，以自由自愿的形式外包给非特定的（而且通常是大型的）大众志愿者的做法。宝洁公司负责科技创新的副总裁拉里·休斯顿（Larry Huston）说："人们认为众包就是外包，但这肯定是一种误解。外包是指我们雇用人员提供服务，其实和雇佣关系没什么两样。但众包是从外部吸引人才的参与，使他们参与广阔的创新与合作过程。这是两种完全不同的概念。"美国芝加哥的无线T

恤公司就利用众包来设计新 T 恤。它让顾客进行设计，自己则选择生产线，确定产量，并负责市场推广以及销售工作。将生产外包意味着零市场风险和较低的运营成本。客户社区承担了创新、新产品开发、销售预测和市场营销等核心功能。由此能看得出，众包的本质其实是一种创新型的商业模式。

3. 融资

创业融资就是指创业者根据创业计划，通过不同的融资渠道，并运用一定的融资方式，经济有效地筹集所需资金的财务活动。企业不同的发展阶段会有不同的融资需求。对于初创期的企业，常见融资的渠道有以下几种：

1）自筹资金

自筹资金包括自有资金、亲朋好友融资等。创业者的自有资金往往是创业启动的第一笔资金，创业者应该将大部分自有资金投入新创企业中，一方面可以获得新创企业更多的股权，另一方面也能向其他投资者传递出对企业的信心。

亲朋好友的资金是创业融资的重要来源。尤其对大学生来说，缺乏社会关系和声誉积累，因此亲朋好友的融资是非常有效的融资方法。一般而言，亲朋好友的融资也要以商务的方式对待，说清楚利弊，关于本金利息和还款形成纸质说明为佳，避免未来出现纠纷。

2）信贷资金

对于新创企业，我国常见的信贷资金来源主要包括信用担保贷款、商业银行贷款和小额贷款等形式。一般而言，新创企业因风险大、缺乏抵押品等原因，商业银行很少贷款，但对其中有产品、市场，并且成长性较好的新企业可以有一定额度的放款。2014 年，国家出台了《关于进一步支持小型微型企业健康发展的意见》，明确提出了要努力缓解小微型企业的融资困难，目前四大国有商业银行、12 家全国性股份制商业银行、邮政储蓄银行等主要金融机构均已设立小企业金融服务专营机构。相应的政策能够切实缓解小微型企业的融资困难。

3）风险投资

风险投资，又称创业投资，是指为在企业发育成熟或相对成熟后通过股权转让获得资本增值收益而向新创企业进行股权投资的形式。对于新创企业而言，典型的融资类型有天使投资、创业投资等。天使投资一般是初创企业的第一批投资人，投资天使根据自己的判断向种子期的企业投资。创业投资一般是由专业的投资者对新创企业进行全盘分析后进行投资，待企业度过创业期后就退出投资，获得资本增值。无论是哪一种投资都属于股权类融资，此类型的融资创业者可以与投资者共担风险，共享利润。但创业者需要注意风险投资的投资方一般也会介入企业的管理，对于企业后期的股权分配、决策效率等，需要作前瞻性的考虑和部署。

8.3 创业资源的整合

对于任何人来讲，创业都是相当有难度的事情。就中国的情况而言，许多央企、国企等企业因为拥有相当大的国家政策或资金支持，同时，有些央企、国企本身就处于寡头或多头垄断的行业，因此另当别论。调研数据显示，中国的民营企业平均寿命只有2.9年，年业绩达一千万以上的民营企业，平均寿命大约只有7年。

对于刚毕业的应届大学生而言，即使是双一流高校的优秀毕业生，即使具备了较系统、完备的理论体系基础，企业实践经验也是非常匮乏的。因此，一般刚进入企业就业时，基本都是从事基础型工作岗位，最佳情况是，获得管理培训生、储备干部等配置了完备培训体系、未来有较快晋升通道的工作职位。无论哪种职位，都是从基层做起，属于完全的工作执行层。但如果要创业，那就需要一个人具有非常强的开拓进取精神和相当丰富的生活阅历，对情商、挫折应对及压力承受能力、前瞻性眼光和视野等个人素质的要求非常高，需要脚踏实地，从微小之处做起，一步步地积累经验，积小胜为大胜，才有可能逐步成长为创业高手。

当核心创业者及其团队都已经具备较全面的创业素质之后，对于各种创业资源的整合水准，就成为创业能否制胜的关键。创业资源的整合是一个系统工程，远远不是简单地将各种不同资源简单罗列在一起加以利用，而是依据创业者及其团队独有的思想逻辑，对不同类型的创业资源加以梳理，进行重新排列组合，让整合后的创业资源成为一系列新的相辅相成的有机整体，产生新的可以倍增的资源组合。

对创业资源高效、成功地整合，可以让若干个单一类型的创业资源功能最大化；也可以让有限的创业资源经过整合之后，倍增其能量，吸引更多需要的紧缺的创业资源。而错误、低效的资源整合方式，不仅不会让创业资源发挥原本应有的作用，还可能会令一个创业者原本拥有的资源都被迅速消耗掉，从而直接导致创业的失败。

8.3.1 创业资源的主要体现方面

一般来讲，一个人要创业，所需要的资源无非是以下的几个主要方面：人才、科学技术、创意和资金等。

1. 人才

在所有创业所需的资源之中，人才无疑是最重要的。与其他创业资源都不一样，人才可以倍增。人才是一家创业企业最大的软实力，是其中最核心的、最大的资源。创业型人才是一切创业所必备的、不可或缺的条件。

如果一个创业者是创业型人才，他就能够找到科学技术、创意等方面的关键人物与他合作，那么这种企业的创业成功率会大大增加，因为他（或者他们）会同时拥有管理和科技等几个方面的优势，可以利用这些优势赢得融资等其他资源，那么解决其他问题就要容易很多。

2. 科学技术

任何一点对科学技术的突破只要运用得当，都能为企业开启创新之路的一扇门，为企业带来巨大的经济效益。比如说，中国的抗癌新药"泽布替尼"的自主研发成功。

2019年11月14日，中国生物技术网报道，美国食品药品监督管理局宣布，中国企业百济神州自主研发的抗癌新药"泽布替尼"，成为一种癌症医疗领域的"突破性疗法"，获准上市。由此，泽布替尼成为第一个在美国获批上市的中国本土自主研发的抗癌新药，堪称中国自1949年新中国成立以来，71年制药历史上的"零突破"，改写了中国抗癌药"只进不出"的历史。

3. 创意

创意是创造意识或创新意识的简称，是在对现实存在事物的理解以及认知基础之上所衍生出的一种新的抽象思维和行为潜能。创意是一种通过创新思维意识，从而进一步挖掘和激活资源组合方式进而提升资源价值的方法。

4. 资金

对于现代企业来讲，相对其他创业资源而言，自风险投资基金存在以来，资金早已不算一种非常稀缺的资源了。只要一个创业团队具有人才、科学技术、创意等方面的一个或者几个优势，吸引有眼光的风险投资已经没有很大的困难。

在以上四种资源的主要体现方式中，人才是创业过程中最关键的资源。人力资源原本就是第一生产力，具备着最大的潜力和扩展性，只要有了人才，科学技术、创意和资金等其他创业资源总会有的。

8.3.2　创业资源的整合

创业总是和创新、创造及创富联系在一起。一位创业者结合自身创业经历提出了这样的观点：缺少资金、设备、雇员、销售渠道等资源，实际上是一个巨大的优势。因为这种压力会迫使创业者把有限的资源合理地集中利用起来，并使用有效的方法，高效地释放出去，形成新的竞争优势，从而在企业的发展中脱颖而出。为了确保公司可持续性发展，创业者在每个阶段都要问自己：怎样才能用有限的资源获得更多的价值来创造并实现下一步的战略目标。

从创业初期来看，几乎没有创业者能够同时具备充足的条件，所以我们要分析各种条件下的整合方式。

1. 善用创业资源拼凑策略

很多创业者都会运用一些拼凑手段，通过加入一些当下的新的元素，与已有的元素重新组合并适当地融合，形成在资源利用方面的创新行为，进而可能带来意想不到的收益及效果。创业者常常会利用身边能够发现的一切资源进行有效整合。有些资源对他人来说也许是无用的、废弃的，但创业者可以通过自己独到的眼光、独有的经验和技巧，加以整合利用。例如，很多高新技术企业的创业者并不是专业科班出身，可能是出于兴趣或其他原因，对某个领域的技术略知一二，却凭借这个略知的"一二"敏锐地发现了机会，并迅速而有效地实现了相关资源的整合。

快速应对任何新情况，有效整合、运用已有的资源，是行之有效的一种方法。创业者善于用敏锐的眼光去发现身边各种属性的资源，从而将它们创造性地、有机地整合起来。这种情况很多时候都不是事前计划好的，而往往都是具体情况具体分析。而这也很好地体现了创业的不确定性这个特性，并对创业者的资源整合能力提出了很高的挑战。

2. 发挥资源杠杆效应

杠杆效应来源于物理学。在商业世界里，我们有五种杠杆效应，分别是：别人的资金、别人的经验（包含知识、专业技术）、别人的主意（包含创意、构想）、别人的时间、别人的能力（包含影响力、竞争力、权力），这五种杠杆谈的就是资源整合的五大要素，现有资源会对初创业者产生一定的约束与限制，但优秀的创业者并不会被当前所掌握和支配的资源所限制，成功的创业者往往善于使用关键资源的杠杆效应来放大成果，有效利用一些人员或者一些企业的资源来完成自己创业目的：用一种资源补足另一种资源，产生更高的复合价值；或者利用一种资源撬动和获得其他资源。有些成熟的企业也不只是一味地积累资源，他们更擅长于资源互换，把现有资源进行结构调整，积累和更新战略性资源。

对创业者来说，容易产生杠杆效应的资源主要包括人力资本和社会资本等非物质资源。

创业者的人力资本由一般人力资本与特殊人力资本构成，一般人力资本包括受教育背景、以往的工作经验及个性品质特征等。特殊人力资本包括产业人力资本（与特定产业相关的知识、技能和经验）与创业人力资本（如先前的创业经验或创业背景）。调查显示，特殊人力资本会直接作用于资源获取，有产业相关经验和先前创业经验的创业者能够更快地整合资源，更快地实施市场交易行为。而一般人力资本使创业者具有知识、技能、资格认证、名誉等资源，也提供了同窗、校友、老师以及其他连带的社会资本。

实际上每个人都有自己的特点，如果一个人平时有一些彼此信任的朋友，而这些朋友当中各自在资金、人脉、经营、技术等方面有优势，在一定条件下通过资源组合的方式创业，成功的机会比个人创业要大，失败后承担的风险要小，不失为一种非常好的创业方式。不过，朋友在一起共事，应该把困难考虑得多一些，同时重大事项最好写入章程之中共同约束。

3. 利益机制的合理设置

公司的各个参与主体有着自己的利益取向，这是客观事实，甚至是不可避免的。有时有利益关系也并不意味着能够实现资源整合，还需要找到共同的利益，或者说，要发展利益共同点来协调、约束各方利益，达到一种均衡状态，维持公司的正常运作，才能使各参与人员之间的利益冲突不会因为过于激烈而失控。在一定程度上，就能保证任何一个公司参与主体不能以牺牲其他主体的利益为代价而任意扩大自己的利益范围，从而达到一种均衡，协调各种力量共同为公司的发展作出贡献。既然资源与利益相关，创业者在整合资源时，就一定要设计好有助于资源整合的利益机制，借助利益机制把包括直接的、非直接的、潜在的等各种资源提供者整合起来，借力发展。

为此，识别利益相关者后，逐一认真分析每一个利益相关者所关注的利益非常重要。在多数情况下，将相对弱的利益关系变强，更有利于资源整合。

对于在长期合作中获利、彼此建立信任关系的合作，双赢和共赢的机制一经形成，进一步的合作并不是很难。但对于首次合作，建立共赢机制尤其需要智慧，要让对方看到潜在的收益，为了获取收益而愿意投入资源。因此，创业者在设计共赢机制时，既要帮助对方扩大收益，也要帮助对方降低风险，降低风险本身也是扩大收益。在此基础上，还需要考虑如何建立稳定的信任关系，并加以维护、管理。

8.3.3 最重要的创业资源——创业者应有的思想准备

创业者是一切创业资源中最重要的因素，优秀的创业型人才是创业必备的、不可或缺的条件。而在创业型人才的各种素质中，其价值观和思维方式又是最关键的核心。

在创业之前，一个优秀的创业型人才应该具备以下几个思想准备。

1. 不要为创业而创业

首先，创业者应该充分认识：创业，是一种风险度很高、成功率很低的商业行为。创业不仅对初入社会的大学生有很高的要求，即使是对那些具有丰富社会经验，在商场上闯荡多年的老江湖来说也是一种很大的挑战。

其次，创业的风险和回报率是成正比的，要求的回报率越高，创业的风险越大。应该从无到有、由小到大慢慢积累经验，最好是从为别人打工开始，这不仅可以挣钱，更重要的是学习别人是怎么做的。只有在商业活动中，才能学到什么是真正的投资理财，真正知晓投资创业的机会在哪里。贪大求快，梦想一夜暴富，是欠缺理智的创业者常犯的思维错误。

2. 与亲友一起合作创业，一定要注意公私分明

1)"是否与好朋友合伙开公司"，应谨慎选择

很多人合作创业，都是从同学和朋友开始，因为感觉彼此比较了解。正是因为这样，所以提高了对朋友的信任级别和能力期望。然而，信任容易让我们麻痹，导致对创业伙伴能力的判断不准确，出现管理漏洞大家都无法发现。然后，很有可能出现的情况是，当彼此的利益发生冲突时，大家开始互相不信任，彼此防备，最严重时可能翻脸、唇枪舌剑，甚至对簿公堂。与朋友合伙创业，信任不等于信用，能力不等于管理。

可以做生意中的朋友，和朋友做生意却不见得会比和其他人做生意更为简单有效。对朋友的了解，一般只限于读书、游玩、聊天中的能力。然而，很多我们原本不了解的朋友的另一面会从工作中体现出来。因为读书、游玩、聊天这些事情，没有压力，不存在什么利益冲突。创业，是实实在在的合作、日日夜夜的工作，合伙人商业理念的分歧，以及利益分配的各种问题，都可能会让更多人性的弱点展露无遗。"是否与好朋友合伙开公司"，应谨慎选择。同样的资源在不同的应用场景中，整合的难度大不一样。

2) 创业合伙人的价值观趋同很重要

只有找到对的人，创业才更可能成功。假如合伙人之间商业价值观和抱负对比悬殊，双方之间就会出现争辩或分歧。这样一来，一则降低了决议、计划与履行的效率，二则容易让合伙人之间离心，产生创业团队的能量内耗，严重的话将会导致合伙人分道扬镳。所以，挑选创业合伙人时，找到商业价值观和抱负都比较趋同的人相当于有了一个好的开始，并且具备了未来成功的团队保证。

当然，创业失败的原因有很多种，与朋友相关的原因只是其中一个。不能让这一个借口成为所有失败的借口，这也是个重要的原则。如果身边有朋友要合伙投资创业，一般建议两种选择：要么给他一笔力所能及、可能无法收回的借款，要么成为他生意的一个忠实客户。

3) 创业团队必须责权分明

公私区别，责权分明，对事不对人，原本也是现代企业管理的重要原则之一。创业团队的权责分明需要从以下两个方面去落实。

（1）无论什么关系，事先明确权责和利益分配。亲友合伙创业时，一开始都没有把股权、薪资待遇、责任分工、分红等细节提早确定好，最主要考虑说得太明会损害双方的关系，导致后期出现问题根本无法解决。亲友不是不能合伙做生意，但是合伙的原则一定要有，工作是为了利益，关系是私底下的事。原则性不强，利益划分不清，感情又掺杂其中，最终的结果很可能就是关系闹僵，感情没有，利益为零。

创业没有不求回报的，投入回报的产出比、贡献与利益，难于计算。投资占比、股权分配、工资多少、奖金分配，都必须有理有据，而不是根据情分来分配。

（2）在持续变化的创业进程中，要与时俱进，保证责权分明相关规则的适用性。

对于创业合伙人,明确分工,谁负责业务销售,谁负责技术,谁负责管理,谁负责后勤支持等。但创业企业处于新生时期,各种企业内部及外部状况变化都很大,创业团队必须定期修整相关的责权界定,尤其在出现问题时应该马上予以调整,并在执行中不断优化,否则就会打破原来的分工原则,合伙人之间容易心生隔阂。不断出现问题,难免心生芥蒂,这就更加深了彼此之间的矛盾。

创业者往往会从家庭成员或朋友那里获得一定支持,就是因为亲友之间原本知根知底,有积累多年的信任和情感。家庭成员之间不仅利益相关,更是一个利益的整体。有些人是把毕生心血拿出来创业,当有一天,企业面临倒闭时,原本貌似风平浪静的合伙人之间的问题也会被激发。刚开始盈利也好,亏损也罢,最终可能都会因为利益的问题而闹得人财两空。

(3)创业合伙人之间要重视沟通,提高合作效率。

一般在创业初期,创业团队都踌躇满志,志在必得,团队的沟通也比较顺利、畅通。时间长了,各方都有各自的想法,不会像创业初期那样商议。就算商议,也难免会出现意见不一致的时候,久而久之,就会产生矛盾,各方都会心生隔阂,可能导致创业团队分歧加大,信任降低,产生团队内耗,彼此合作效率大大减低,致使创业团队集思广益、共享智慧的优势不复存在,创业成功的概率也就大打折扣。

每一位创业合伙人要做到的是,首先认识大家的观点、思维出现分歧很正常,正是有差异的想法,才使得由个人发散的创意到智慧聚敛一致的可贵过程成为可能。从自我做起,采取不同沟通方式,主动积极去与对方交流,争取企业事项决策的一致性。面对分歧和矛盾,保持自我的理性、客观、公正,重视沟通,提高合作效率,这才是商业合作共事的大智慧。

务必谨记,只有思想一致的团队才可能行动一致;只有行动一致的团队才可能达成共同的目标。

3. 以平和理智的状态和心态,面对创业的成败

创业本就是九死一生,通常是没有结果的事情,远远不是表面上看到的风光。

1)必须要有创业失败的充分思想准备

在创业过程中,需要不断投入金钱、时间、精力。若创业者不能保持理性,及时止损,这可能就是一个无底洞。创业的最差结果就是全盘失败,投入的资金、时间和精力有去无回。金钱比较容易衡量,时间不好衡量,精力更是无从衡量。在做出创业决策之前,要扪心自问,自己是否能承受创业全盘失败的最差结果。即使一个创业者拥有极其完备的创业资源,也必须要具备接受创业失败的良好心态。要知道创业失败是大比例事件,而创业成功是小概率。

2)适当做好创业失败的职业应对预案

如果第一次创业全盘失败,是再次组织团队、筹措资金、从头来过,还是从此放弃

创业梦想,安心找份工作?或者放空自己,休息一段时间?这些问题都要想清楚。

无论何时何地,创业资源都非常珍贵,是所有企业竞争力的第一要素,任何人、任何企业都不可能无限拥有资源,对初创期的企业尤其如此。所以,创业者必须去用心取得资源、分配资源、运用资源,这就是资源整合。创业者本身就是一项具备最大潜能的资源,创业者资源整合能力的强弱一定程度上决定了企业最后的成败和结局。创业者在持续提升自我一般人力资本和特殊人力资本、完善自身综合职业素质的基础上,必须更加充分地认识创业资源整合的意义,有效提升对资源的获取、整合和管理能力,为最终创业的成功奠定基础。

思考题

1. 什么叫作创业资源?试着逐一列举你的项目目前拥有的创业资源。
2. 列举企业实例,具体说明创业资源的获取方法。
3. 试着阐述你本人具备了哪些具体的一般人力资本和特殊人力资本。要求具体阐述,并提供相关数据加以说明。

成都平天健康科技有限公司的众筹创业

参 考 文 献

[1] 吕爽. 大学生创新创业实务指导 [M]. 北京：中国铁道出版社，2017：28-29.

[2] 李国强，刘君. 大学生创新创业基础 [M]. 北京：机械工业出版社，2019：55-59.

[3] 苏连塔. 创业基础与数据分析方法 [M]. 北京：电子工业出版社，2019：66-67.

[4] 张先义. 教师言语惩戒的失范表现及改进策略 [J]. 江苏教育研究.2021（16）：42-46.

[5] 欧锋. 再读《黑天鹅》，在不确定性时代找到我们的生存之道 [J]. 创业邦.2020（Z1）：126-128.

[6] 凌馨. 经济衰退与自动化加速就业市场变革 [N]. 世界经济论坛，定州日报，2020-10-23.

[7] 崔连广，张敬伟，邢金刚. 不确定环境下的管理决策研究——效果推理视角 [J]. 南开管理评论. 2017，20（5）：105-115.

[8] 颜弘. 大学生创新创业教程 [M]. 哈尔滨：哈尔滨工程大学出版社，2019：30-32.

[9] 范俊峰. 大学生创新创业教育理论与实践 [M]. 青岛：中国石油大学出版社，2019：39-58.

[10] 屠霁霞，王中对，谢志远. 高校岗位创业型创新人才培养的研究 [J]. 黑龙江高教研究.2018，36（4）：118-121.

[11] 屠霁霞，黄兆信，刘燕楠. 众创时代高校如何革新创业教育 [J]. 教育发展研究.2015，35（23）：41-46.

[12] 黄兆信，陈赞安，曾尔雷等. 国内创业者及其特质对我国高校创业教育的启示 [J]. 高等教育研究.2011，32（9）：85-90.

[13] 黄兆信. 新生代创业教育论 [M]. 北京：中国社会科学出版社，2018：75-79.

[14] 于春杰. 创业基础 [M]. 北京：清华大学出版社，2020：7-10.

[15] 叶峥. 基于互联网的虚拟产业集群创业研究 [M]. 北京：经济科学出版社，2019：36-40.

[16] 鲁百年. 创新设计思维、设计思维方法论以及实践手册 [M]. 北京：清华大学出版社，2015：4.

[17] 张海霞. 创新工程实践 [M]. 北京：高等教育出版社，2016：4.

[18] 哈索·普拉特纳（Hasso Plattner），克里斯托夫·迈内尔（Christoph Meinel），拉里·莱费尔（Larry leifer）. 斯坦福设计思维课 [M]. 北京：人民邮电出版社，2019：5.

[19] 王可越. 设计思维创新导引 [M]. 北京：清华大学出版社，2017（6）：8-9.

[20] 迈克尔·勒威克（Michael Lewrick）. 设计思维手册 [M]. 北京：机械工业出版社，2019：9.

[21] 梁巧转，赵文红．创业管理 [M]．北京：电子工业出版社，2013：13．

[22] 刘万利，胡培，许昆鹏．创业机会识别研究评述 [J]．中国科技论坛，2010（9）：121-127．

[23] 冯建．商业机会——企业制定与实施经营战略的基础 [J]．中央财经大学学报，1998（12）：4．

[24] 汪良军，杨蕙馨．创业机会与企业家认知 [J]．经济管理，2004（15）：24-29．

[25] 边燕杰，张磊．网络脱生：创业过程的社会学分析 [J]．社会学研究，2006（6）：74-88+244．

[26] 加里·阿姆斯特朗，菲利普·科特勒，王永贵．市场营销学第12版（全球版）[M]．王永贵，郑孝莹译．北京：中国人民大学出版社，2017：5-7+170．

[27] 冯契，徐孝通．外国哲学大辞典 [M]．上海：上海辞书出版社，2008：21．

[28] 艾·里斯，杰克·特劳特．定位：争夺用户心智的战争（经典重译版）[M]．邓德隆，火华强译．北京：机械工业出版社，2021：126-128．

[29] Kevin O'Connor.Personas： The Foundation of a Great User Experien -ce[EB/OL].https：//uxmag.com/articles/ personas-the-foundation-of–a -great-user-experience. 2021-09-21.

[30] 刘海鸥．国内外用户画像研究综述 [J]．情报理论与实践．2018（11）：155-160．

[31] Alan Cooper．交互设计之路——让高科技产品回归人性 [M]．北京：电子工业出版社，2006：116-118．

[32] 少宇．智能硬件产品：从 0 到 1 的方法与实践 [M]．北京：机械工业出版社，2021：148-153．

[33] Personas. [EB/OL]. https：//www.usability.gov/how-to-and-tools/ methods/personas.html.2020-09-30.

[34] 2020 年 B 站用户画像．[EB/OL]. https：//www.bilibili.com/read/ cv1 0380093?ivk_sa=1024320u, 2021-03-20.

[35] 史蒂夫·布兰克，鲍勃·奥多夫．创业者手册 [M]．新华都商学院译．北京：机械工业出版社，2013：62．

[36] 刘成玉，段家芬．再驳"刚性需求推动房价上涨" [J]．理论与改革．2013（5）：109-112．

[37] 郭妙笛．基于服务设计理念的儿童哮喘医疗监护产品设计研究 [D]．湖北工业大学，2020．

[38] 石爽．基于用户体验的角膜接触镜佩戴工具设计研究 [D]．哈尔滨理工大学，2020．

[39] 蔡丹．用户研究中的原型法及其应用 [D]．武汉理工大学，2014．

[40] 龚艳芸．SOIT 光学影像模块公司的产品管理应用研究 [D]．浙江工业大学，2017．

[41] 李涛．基于 Sinobrand 改进模型的云南白药品牌资产价值评估研究 [D]．湖南大学，2018．

[42] 关首峰．光伏智能建筑项目工期管理研究 [D]．华北电力大学，2016．

[43] 张克．基于 WebGL 的网页广告交互设计研究 [D]．桂林电子科技大学，2016．

[44] 张军霞．大商集团"全渠道业务"营销策略研究 [D]．郑州大学，2015．

[45] 亚历山大·奥斯特瓦德，伊夫·皮尼尼．商业模式新生代 [M]．北京：机械工业出版社，2020：62．

[46] 菲利普·科特勒．营销革命 4.0：从传统到数字 [M]．北京：机械工业出版社，2018：49-54．

教师服务

感谢您选用清华大学出版社的教材！为了更好地服务教学，我们为授课教师提供本书的教学辅助资源，以及本学科重点教材信息。请您扫码获取。

❯❯ 教辅获取

本书教辅资源，授课教师扫码获取

❯❯ 样书赠送

创业与创新类重点教材，教师扫码获取样书

清华大学出版社

E-mail：tupfuwu@163.com
电话：010-83470332 / 83470142
地址：北京市海淀区双清路学研大厦 B 座 509

网址：http://www.tup.com.cn/
传真：8610-83470107
邮编：100084